Max Lucado

Kraft von oben

Über den Autor

Max Lucado war langjähriger Pastor der *Oak Hills Church* in San Antonio, Texas. Er ist verheiratet, Vater von drei Töchtern und Verfasser vieler Bücher. Die Zeitschrift *Christianity Today* zählt ihn zu den bekanntesten christlichen Autoren Amerikas. Zu seinen Bestsellern gehören u. a. „Leben ohne Angst“, „Du schaffst das“, „Leichter durchs Leben“ und „Wie man Riesen besiegt“.

MAX LUCADO

Kraft von oben

Entdecke die lebensverändernde Macht des Heiligen Geistes

Aus dem Englischen von Elke Wiemer

GerthMedien

Inhalt

„Gottes Geist allein macht lebendig;
alle menschlichen Möglichkeiten richten nichts aus."

Jesus (Johannes 6,63; GN)

Mit großer Freude widme ich dieses Buch Dr. Pete Ledoux,
einem Kind unseres himmlischen Vaters,
Freund des Heiligen Geistes,
Nachfolger von Jesus und Diener der Menschen.

Vorwort

Stell dir vor, es ist Urlaubszeit. Du packst deine Sachen ins Auto und fährst in ein Hotel in den Bergen. Frische Luft. Tolle Aussicht. Angenehme Temperaturen. Es wird einfach nur großartig werden. Außerdem lockt dieses erstklassige Hotel zum Saisonende auch noch mit Sonderrabatten, sodass du es dir leisten kannst. Das ist deine Gelegenheit, einmal das zu tun, wovon du schon so lange träumst: in den Bergen wandern zu gehen.

Am ersten Morgen bist du der Erste, der zur Tür raus ist. Nix mit Ausschlafen, o nein. Wasserflasche gefüllt, Verpflegung verstaut und Rucksack auf. Mit der Wanderkarte in der einen und dem Wanderstock in der anderen Hand ziehst du voller Begeisterung los. Das wird einen Riesenspaß machen!

Doch der Spaß ist nur von kurzer Dauer. Der Weg ist steil. Deine neuen Wanderstiefel sind noch nicht eingelaufen. Nach den ersten Minuten fragst du dich, ob dir jemand klammheimlich Backsteine in den Rucksack gelegt hat.

Du hältst am Wegrand inne und schnaufst erst einmal durch. Und da vernimmst du die Stimmen eines Wanderführers und seines fröhlichen Gefolges. Er hat einen Hut mit breiter Krempe auf, und sein Tonfall ist selbstbewusst, sodass du sicher bist: Er kennt sich hier aus. Er weiß die Namen der Blumen, erzählt etwas zur Geschichte des Weges und gibt Tipps, wie man einen schönen Wandertag verbringt.

Seine Gruppe trägt keinerlei Ausrüstung mit sich und kommt deshalb schneller voran. Ihr Führer weist sie auf Tiere hin und hat Zeit, die Fragen der Wanderer zu beantworten. Du überlegst, ob du dich an die Gruppe dranhängen und ein wenig lauschen solltest. Aber du hast den Bergführer nicht bezahlt. Außerdem kannst du aufgrund deines schweren Rucksacks nicht mithalten.

Nach wenigen Augenblicken ist die Gruppe dir schon weit voraus. Du fällst mit deiner immer unbequemer werdenden Last weiter zurück.

Doch einige Kilometer weiter holst du sie wieder ein. Sie sitzen auf einer Wiese und lauschen dem Führer, der die riesige Bergkette erläutert. Und sie essen zu Mittag! Belegte Brötchen, Obst und Gemüsesticks, Kaffee und Saft und auch ein paar Plätzchen. Sind das etwa selbst gebackene Schokokekse? Das ist ja ein Festmahl!

Du seufzt und fragst dich, ob dein belegtes Brot mit Käse und Gurken schon durchgeweicht ist. Egal. Du hast sowieso den Appetit verloren. Du machst kehrt und läufst den Weg wieder zurück. Für heute hast du genug gelitten.

Als du am nächsten Morgen aufwachst, schmerzt jeder einzelne Muskel in deinem Körper, und deine Füße sind geschwollen. Du brauchst fast eine Stunde und jede Menge Pflaster, um deine Blasen zu verarzten. Doch dann heißt's: Auf zu einer weiteren Wanderung. Der zweite Tag läuft aber genauso ab wie Tag eins. Der Weg wird viel zu früh viel zu steil. Deine Beine werden viel zu früh müde. Und wenn es dir gestern schon so vorkam, als sei dein Rucksack mit Backsteinen gefüllt, dann fühlt er sich heute an, als sei Blei darin.

Und rate mal, wen du hinter dir den Weg entlangkommen hörst. Genau: den gut gelaunten Wanderführer mit seiner Schar glücklicher Gefolgsleute. Du gehst zur Seite und lässt sie vorbei. Einer von ihnen pfeift eine fröhliche Melodie. Zwei andere unterhalten sich angeregt. Der Bergführer macht einen Witz und die anderen lachen.

Und du? Du kommst dir vor wie ein Packesel mit Arthrose.

Nach wenigen Kilometern triffst du erneut auf die Gruppe. Und du hast es schon geahnt: Sie sitzen auf einer Wiese, machen ein Picknick und genießen die Natur.

„Es gibt selbstgemachtes Eis", kündigt der Wanderführer an. „Und esst alles auf – wir wollen nichts mehr mit runternehmen!"

Du murmelst etwas in deinen nicht vorhandenen Bart – dass das Leben ungerecht ist –, drehst dich um und marschierst zurück zum Hotel. Du verbringst den Nachmittag vor dem Fernseher und isst dein durchgeweichtes belegtes Brot.

Und Tag drei und vier? Genau wie Tag eins und zwei.

Am fünften Tag verlässt du erst gar nicht die Hotellobby.

Du sitzt allein da, als jemand deinen Namen ruft. Du siehst auf. Es ist der Wanderführer.

„Ich habe nach Ihnen Ausschau gehalten", sagt er. „Wo waren Sie denn?"

„Was?"

„Ich hatte gehofft, Sie würden auf unsere täglichen Ausflüge mitkommen. Diese sind in dem Paket enthalten, das Sie gebucht haben. Die Vorträge. Das Essen. Das ist alles inklusive. Vielleicht haben Sie die Broschüre nicht richtig gelesen, die wir Ihnen geschickt haben."

„Scheinbar nicht."

„Wir kümmern uns um alles. Wir fahren Ihren Rucksack mit dem Auto auf den Berg, damit Sie ihn nicht tragen müssen. Und das erstklassige Essen wird von unserem Team ebenfalls zubereitet. Und dann stehe natürlich *ich* Ihnen noch zur Verfügung.

Ich kenne diese Steige besser als jeder andere. Meine Aufgabe ist es, Sie auf die Berge hinaufzuführen."

„Tatsächlich? Wie konnte mir das nur entgehen?!"

Wir sind müde. Wir sind müde von all den Lasten, die wir tragen, und den Herausforderungen, denen wir uns gegenübersehen. Wir haben so viele Fragen, auf die wir keine Antworten finden, und Probleme, die wir einfach nicht lösen können. Wir hatten gehofft, das Leben mit Gott wäre eine erfrischende Pilgerreise, ein Abenteuer auf Berghöhen. Doch wir hätten nie damit gerechnet, dass wir so schnell so erschöpft sein würden.

Wir werden bei unserer Wanderung durchs Leben einfach müde.

Aber was wäre, wenn es hier Abhilfe gäbe? Jemanden, der mit dir geht, der dich führt und deine Lasten trägt?

Und was wäre, wenn der Himmel dir diese Unterstützung geschickt hätte? Und zwar keinen anderen Menschen, der genau wie du Blasen und Wadenkrämpfe bekommen könnte. Sondern jemanden, dessen Kraft grenzenlos ist. Der nie müde wird. Der immer bei dir ist. Den nichts von dem, was sich dir in den Weg stellt, aufhalten kann.

Wäre das was für dich?

Dann pack dein Pflaster und das durchgeweichte belegte Brot weg. Du wirst keine Blasen mehr bekommen. Auf dich wartet eine viel bessere Bergtour.

Kapitel 1

Der Heilige Wer?

„Wir haben noch nicht einmal gehört, dass es so etwas wie einen Heiligen Geist gibt."
Apostelgeschichte 19,2 (GN)

„Ich aber werde den Geist, den mein Vater versprochen hat, zu euch herabsenden. Wartet hier in der Stadt, bis das eintritt und ihr mit der Kraft von oben gestärkt werdet."
Lukas 24,49 (GN)

Ich habe als Jugendlicher angefangen, in die Kirche zu gehen. Damals war ich gerade so etwa zehn Jahre alt, voller Tatendrang und willens, mich dem „Berg" zu stellen – ich fing an, in der Bibel zu lesen, Verse auswendig zu lernen, und bemühte mich nach Kräften, jedes Gebot zu befolgen, das man von der Kanzel aus predigte. Ich schulterte den Rucksack des braven Christenlebens und machte mich auf den Weg, um die hohen Gipfel der Moral, der Spiritualität und der Hingabe zu erklimmen. Ich war hochmotiviert, ein guter Christ zu sein.

Sag immer die Wahrheit.
Lass nie im Glauben nach.
Bete mehr.
Tu mehr.
Glaube mehr.

Ich habe es versucht, wirklich. Doch der Weg war steil. Gruppenzwang, verrücktspielende Hormone und Schuldgefühle verbündeten sich, um mich davon zu überzeugen, dass ich es niemals schaffen würde. Kann ein Fünfzehnjähriger schon einen geistlichen Burn-out haben? In meinem Fall war es so.

Vielleicht kennst du ja das Gefühl.

Das Feuer in dir brennt immer weiter runter. Aber wo bekommst du neues Holz her? Es ist ja nicht so, als hättest du nicht danach gesucht. Gott weiß, dass du das getan hast. Zumindest hoffst du, dass er es weiß. Du hast dich für all das, was du für gut und richtig gehalten hast, gemeldet und dich dafür eingesetzt. Aber woher kommt dieser kalte Wind auf deinem Gesicht? Warum ist der Weg so schwer, so steil? Und was ist mit dem trüben Himmel? Dieser Leere?

Irgendetwas fehlt, und du weißt einfach nicht, warum sich dein Leben so anfühlt, als würde es langsam schwinden.

Stück für Stück. Schritt für Schritt. Tag für Tag.

Wenn es dir gerade so geht, dann lass uns mal reden. Können wir vielleicht an diesem Punkt anfangen? Gott weiß davon. Es kümmert ihn. Und es entspricht nicht seinen Absichten für dich, dass du ein lebloses Leben führst. Er hat da etwas – nein, jemanden – für dich.

Ich kann mich nicht erinnern, dass man mir von dieser Kraftquelle erzählt hätte. Aber das mache ich niemandem zum Vorwurf. Schließlich besaß ich ja selbst eine Bibel. Ich hätte darin suchen können. Aber wenn du mich gebeten hättest, ihn dir zu erklären, dann hätte ich nur mit den Achseln gezuckt und zurückgefragt: „Der Heilige Wer?"

Wenn jemand wissen will: „Wer ist Gott, der Vater?", bekommt er sofort eine Antwort. Oder: „Beschreibe einmal Gott, den Sohn." Die meisten werden, ohne zu zögern, antworten.

Aber wenn du dafür sorgen willst, dass jemand so richtig um Worte verlegen ist, dann frag ihn: „Wer oder was ist der Heilige Geist?"

Die Frage ist zum Teil wegen der Begrifflichkeiten eine Herausforderung.

Gott als *Vater*? Das können wir uns vorstellen.

Gott als Jesus, der *Sohn*? Auch mit dieser Vorstellung können wir etwas anfangen.

Aber Gott als *Geist*? Der Begriff ist an sich schon mystisch.

Ich kann mich noch an eine frühe Begegnung mit ihm erinnern.[1] Es war gegen Ende meines letzten Jahres an der Highschool, als in unserer westtexanischen Kleinstadt etwas Wunderbares passierte. Ein Evangelist aus einem weit entfernten Land namens Kalifornien tauchte in einem alten Schulbus auf, dessen Lackierung eher an ein Blumenbeet erinnerte. Er war in der Jesus-Bewegung zum Glauben gekommen, die in den frühen 1970ern über das Land hinweggeschwappt war. Er hatte schulterlanges Haar und trug Jeans mit Schlag. Er stellte sich auf den Schulparkplatz und fing an, über Jesus Christus und die Kraft des Heiligen Geistes zu predigen. An diesem Punkt meines Lebens hatte ich den steilen Weg auf den Berg der Frömmigkeit aufgegeben. Der einzige Geist, mit dem ich zu dieser Zeit vertraut war, kam aus der Schnapsflasche. Der Hippie-Prediger lud einige von uns ein, zu einer Bibelstunde zu kommen, die bei jemandem zu Hause stattfand. Dort würden wir mehr darüber erfahren. Also gingen wir hin.

> Der Heilige Geist ist dein Leben spendender Freund, der dich nach Hause bringt.

Die Adresse, die er mir gegeben hatte, befand sich in einem Wohnwagenpark am Rand der Stadt. Ich kannte niemanden, der dort lebte, aber alle waren sehr freundlich. Wir saßen auf dem Boden, lasen die Apostelgeschichte, und soweit ich mich erinnern kann, war es das erste Mal, dass ich hörte, wie jemand beschrieb, wer der Heilige Geist ist und was seine Aufgaben sind. Den genauen Wortlaut habe ich schon lange vergessen, aber an den groben Inhalt kann ich mich noch erinnern: Der Heilige Geist ist dein Leben spendender Freund, der dich nach Hause bringt.

Als wir beteten, redeten einige Leute in einer Sprache, die ich noch nie gehört hatte. Sie fragten mich, ob ich auch so beten wollte. Ich nickte. Also versuchte ich es, aber nichts passierte. Trotzdem war ich beeindruckt. Diese Leute schienen nicht so erschöpft zu sein wie ich. Im Gegenteil: Sie waren voller Leben. Ihre Augen strahlten, wenn sie vom Heiligen Geist sprachen.

Du rechnest jetzt vielleicht damit, dass meine Geschichte eine dramatische Wendung nahm. Ein Damaskus-Erlebnis, so wie bei Saulus, der zu Paulus wurde. Aber nein, es fiel kein helles Licht vom Himmel in den Wohnwagenpark. Ich wurde nicht zum Apostel und schrieb auch keine Briefe. Ganz im Gegenteil. Ich war so fest davon überzeugt, dass ich nicht dafür geeignet war, mit dem Heiligen Geist zu leben, dass ich es nicht einmal versuchte.

Es folgten weitere Jahre als verlorener Sohn. Der Schweinestall wurde mein ständiger Wohnsitz und die anderen Schweine waren meine Kumpel. Was noch schlimmer war: Ich bezeichnete mich weiterhin als Christ, zog samstagabends von einem Nachtklub in den nächsten und drückte sonntagmorgens die Kirchenbank. Ich war der Heuchler, der andere von Jesus abbrachte.

Als ich Anfang zwanzig war, half mir ein lieber Mensch, der später zum Freund wurde, zu erkennen, dass Gottes Barmherzigkeit größer ist als meine Rebellion. Ich kniete vor einem Altar, nahm die himmlische Gnade für mich in Anspruch und begab mich wieder auf den Wanderweg. Vergebung wurde zu meiner zentralen Botschaft, zu meiner persönlichen Lebenserfahrung. Ich schlug einen anderen beruflichen Werdegang ein, ging aufs Theologische Seminar, arbeitete in Gemeinden in Miami und Rio de Janeiro und ließ mich schließlich als Pastor im texanischen San Antonio nieder.

Und da verlor ich erneut den Halt.

Wenn du denkst, der christliche Lebensweg sei schon für junge Menschen steil, dann kann ich dir sagen: Für Pastoren ist er noch viel steiler. Ich nahm mir vor, viel zu lernen, kluge Ratschläge zu geben, Probleme zu lösen, Gremien zu organisieren und es jedem launischen Gemeindemitglied recht zu machen. Es gelang mir drei oder vier Jahre lang, den Schein zu wahren, aber mit etwa Mitte dreißig hatte ich einfach keine Kraft mehr. Plötzlich konnte ich nachts nicht mehr schlafen. Wie kann ein Mensch die Fähigkeit zu schlafen verlieren?! Ich legte mich ins Bett und lauschte dem entspannten Atmen meiner Frau. Ich stellte mir meine drei kleinen Töchter vor, die am anderen Ende des Flures friedlich in ihren Betten schliefen. Ich dachte an Freunde und Kollegen, die alle tief und fest schliefen. Unser Hund schlief. Unser Goldfisch schlief.

Und ich? Meine Gedanken rasten wie ein Rennwagen beim Geschwindigkeitstest. Ich dachte an Gemeindemitglieder, die ich anrufen, und Entscheidungen, die ich treffen musste. Mehr als einmal stand ich sonntagmorgens vor der Gemeinde und hatte kaum oder gar nicht geschlafen. Ich war verzweifelt.

War das die Phase meines Lebens, in der ich den Heiligen Geist fand? So ähnlich. Es wäre wohl zutreffender zu sagen, dass der Heilige Geist mich fand.

Wenn ich in diesen mitternächtlichen Stunden nicht schlafen konnte, stand ich irgendwann wieder auf, tappte die Treppe hinunter, kniete mich vor unser Sofa und betete. Ich war völlig fertig. Ich war nicht länger Max, der Pastor. Ich war auch nicht Max, der Gemeindeleiter. Der Kerl in dem zerknitterten Schlafanzug war Max, der erschöpfte, verzweifelte Jesus-Nachfolger.

Meine Gebete waren nur noch ein Stöhnen. Mein Glaube war nur noch ein ausgefranster Faden. Ich hatte nicht einmal mehr genug Kraft, um den Schein zu wahren. Ich war endlich ehrlich. Ehrlich zu Gott. Und es zeigte sich, dass Gott eine Schwäche für aufrichtige Gebete hat.

Stück für Stück fing ich an, den Heiligen Geist zu spüren. Er führte mich mit sanfter Hand. Er umwarb mich mit einem Flüstern. Klingt das mysteriös? Auf jeden Fall. Ob es nur Einbildung war? Nein, ganz und gar nicht.

Ich bat um Kraft. Und er gab sie mir. Ich bat den Heiligen Geist, die Kranken zu heilen. Er tat es mehr als einmal. Ich betete für Lebenskraft und Freude. Beides kam zurück. Der lange Winter wich einem willkommenen Frühling.

Eines Tages – ich bereitete gerade eine Predigt vor – las ich, mit welchen Begriffen Jesus den Heiligen Geist beschrieb: „Tröster" und „Freund". Ich erinnere mich noch, wie mir auf wunderbare Weise bewusst wurde, dass ich diese Person jetzt kannte.

Das ist nun dreißig Jahre her. Jetzt ist der Heilige Geist nicht länger der „Heilige Wer?" für mich. Jetzt nenne ich ihn unseren himmlischen Helfer. Er ist der Verbündete der Jesus-Nachfolger. Er ist unser Kämpfer, unser Anwalt, unser Wegbegleiter. Er tröstet und führt uns. Er wohnt in uns, verändert uns, stärkt uns und wird uns eines Tages in unser himmlisches Zuhause bringen.[2]

Er ist derjenige, der in unserer heutigen Zeit Gottes Willen auf Erden ausführt und uns mit Kraft erfüllt. Mit übernatürlicher Kraft.

Ist das nicht genau das, was Jesus uns versprochen hat? Seine Nachfolger sollten erst dann mit ihrem Dienst beginnen, wenn sie hautnah die Bekanntschaft des Heiligen Geistes gemacht hatten. „Ihr aber bleibt hier in der Stadt, bis der Heilige Geist kommen und euch mit Kraft aus dem Himmel erfüllen wird" (Lukas 24,49).

Zu diesem Zeitpunkt hatten die Jünger schon drei Jahre Training hinter sich. Sie hatten mit ihm an Lagerfeuern gesessen, hatten ihn durch die Ortschaften begleitet und mit angesehen, wie er Krankheiten und Dämonen vertrieb. Sie kannten sein Lieblingsessen, seine Lieblingswitze und seine Lieblingsorte. Aber sie waren noch nicht so weit. Sie hatten das leere Grab gesehen, seinen auferstandenen Körper berührt und gehört, wie der auferstandene Christus vierzig Tage lang über das Reich Gottes gepredigt hatte. Doch das war noch nicht genug.

„Aber wenn der Heilige Geist über euch gekommen ist, werdet ihr seine Kraft empfangen. Dann werdet ihr von mir berichten – in Jerusalem, in ganz Judäa, in Samarien, ja bis an die Enden der Erde" (Apostelgeschichte 1,8).

Notier dir das am besten: Mit dem Heiligen Geist kommt auch Kraft. Die Kraft, gute Entscheidungen zu treffen, Versprechen zu halten und die innere Stimme der Angst und des Versagens zum Schweigen zu bringen. Die Kraft aufzustehen, dein Leben zu leben und dich auf die richtige Weise mit den richtigen Dingen zu beschäftigen. Die Kraft, sich unerwarteten, unerwünschten Dingen zu stellen. Kraft. Das hat Jesus damals versprochen und das verspricht er noch heute.

Wie sieht es mit deiner Kraft aus?

Gott will nicht, dass seine „Botschafter“ auf dieser Erde gestresst, müde, kaputt, völlig fertig sind. Er wünscht sich, dass wir von Tag zu Tag und von Stunde zu Stunde frischer und lebendiger werden.

Vielleicht hast du ja genug davon. Dein Leben ist ein Spaziergang, es geht immer nur sanft bergab über schöne Wiesen. Dir fehlt es nie an Energie, Begeisterung oder Kraft. Du schreitest mit beschwingten Schritten und deine Stimme klingt fröhlich. Du bist ein immer glücklicher, tatkräftiger Mensch.

Wenn du all das bejahst, würde ich dir empfehlen, ein Buch zum Thema „Ehrlichkeit" zu lesen.

Wenn dich das nicht beschreibt, dann denk einmal darüber nach, ob eine Leben spendende Beziehung zum Heiligen Geist dir nicht helfen könnte.

Du musst deinen Weg nicht länger allein gehen. Du musst keine Lasten mehr tragen, für die du nicht geschaffen bist. Es wird Zeit, dass du dich an der Gegenwart des Heiligen Geistes erfreust und das energieerfüllte Leben führst, das er dir schenken will.

In deiner Bibel gibt es über einhundert Stellen, in denen es um den Heiligen Geist geht. Jesus selbst hat häufiger über den Heiligen Geist gesprochen als über Kirche, Ehe, Finanzen und die Zukunft. Warum war ihm dieses Thema so wichtig? Weil Gott nicht will, dass seine „Botschafter" auf dieser Erde gestresst, müde, kaputt, völlig fertig sind. Er wünscht sich, dass wir von Tag zu Tag und von Stunde zu Stunde frischer und lebendiger werden.

Aber bei alldem sollten wir vorsichtig sein. Das Thema „Heiliger Geist" scheint die Extremisten unter den Jesus-Nachfolgern auf den Plan zu rufen. Auf der einen Seite sind da die Angeber. Das sind diejenigen, die sich super geistlich geben und anderen so das Gefühl vermitteln, keine „richtigen" Christen zu sein. Sie sind mit dem Heiligen Geist auf Du und Du, haben gewissermaßen ein VIP-Ticket. Sie wollen, dass alle mitbekommen, dass sie die Gabe der Heilung oder der Zungenrede haben. Sie geben eben gern an.

Das andere Extrem sind die Heiliger-Geist-Polizisten. Sie gehen gegen alles vor, was geistlich gesehen aus der Reihe tanzt oder außer Kontrolle zu sein scheint. Sie sind die selbst ernannten Wächter über das Übernatürliche. Wenn sich ein Ereignis nicht erklären lässt, lehnen sie es ab oder leugnen es.

Irgendwo dazwischen liegt der gesunde Heilige. Er hat ein kindliches Herz. Sie liebt die Bibel sehr. Er ist offen dafür, sich neue Kraft schenken zu lassen. Sie hat ein gutes Urteilsvermögen und ist vorsichtig. Beide sind bereit, sich vom Heiligen Geist führen zu lassen. Sie klammern sich mit beiden Händen an jenes letzte Versprechen von Jesus: „Aber wenn der Heilige Geist über euch gekommen ist, werdet ihr seine Kraft empfangen" (Apostelgeschichte 1,8).

Sehnst du dich danach, den Heiligen Geist besser kennenzulernen und eine Beziehung zu ihm zu pflegen? Dann sind wir gemeinsam unterwegs.

In der Bibel finden wir mehr als ein Dutzend Metaphern, die das Wirken des Heiligen Geistes beschreiben. Es verrät viel von seiner Größe, dass eine Metapher allein nicht genügt.

Willst du von Jesus begeistert sein? Der Heilige Geist ist dein bester *Lehrer* (Johannes 14,26).

Fällt es dir schwer, Gott zu gehorchen? Der Heilige Geist ist der *Wind* Gottes (Johannes 3,8).

Fehlen dir die richtigen Worte beim Beten, weil du so verzweifelt bist? Er ist unser *Fürsprecher* (Römer 8,26).

Du bist dir nicht sicher, ob du wirklich zu Gott gehörst? Er ist das *Siegel,* das Gott allen aufdrückt, die errettet sind (Epheser 1,13).

Der Heilige Geist ist die *Friedenstaube,* die uns innere Ruhe schenkt, der *Geber guter Gaben,* der uns mit allem ausrüstet, was wir für den Dienst brauchen, der *Strom lebendigen Wassers,* der aus uns zu anderen fließt und sie erfrischt (Matthäus 3,16; 1. Korinther 12,1–11; Johannes 7,37–39).

Und damit ist die Liste noch lange nicht vollständig! Auf den nächsten Seiten beschäftigen wir uns mit den unglaublichen Vorteilen dieser göttlichen Gegenwart. Dabei ist es egal, ob das deine erste oder eine neuerliche Begegnung mit ihm ist. Gott wünscht sich, dass du die belebende Kraft des Heiligen Geistes erfährst.

Vor einiger Zeit war ich mit dem Auto unterwegs, als ich merkte, dass mein Tank fast leer war. Meine Tankanzeige gab an, dass ich keine 15 Kilometer mehr weit kommen würde. Ich entdeckte ein kleines Lebensmittelgeschäft und hielt an der dort befindlichen Zapfsäule. Ich schob meine Kreditkarte in den Automaten, steckte den Tankstutzen in die Tanköffnung und begann, den Tank zu füllen. Währenddessen huschte ich noch schnell in den Laden und kaufte mir etwas zu trinken. Ich plauderte mit der Kassiererin, wollte einen Hotdog kaufen, ließ es aber bleiben, als ich darüber nachdachte, dass das für meine Figur wohl nicht gerade förderlich war. Stattdessen ging ich zum Auto zurück, putzte meine Windschutzscheibe und entsorgte den Müll. Ich nahm den Tankstutzen aus dem Tank, stieg wieder ins Auto und war kaum zurück auf der Straße, als ich zufällig auf die Tankanzeige schaute. Der Tank war leer!

Ich würde ja gern sagen, dass die Zapfsäule zu früh abgeschaltet hat. Aber da ich mich und meine kurze Aufmerksamkeitsspanne kenne, habe ich wahrscheinlich vergessen, den automatischen Schalthebel zu betätigen.

Ich hatte alles Mögliche getan, nur die eine Sache, die ich wirklich tun *musste*, hatte ich vergessen.

Der Heilige Geist ist die *Friedenstaube*, die uns innere Ruhe schenkt, der *Geber guter Gaben*, der uns mit allem ausrüstet, was wir für den Dienst brauchen, der *Strom lebendigen Wassers*, der aus uns zu anderen fließt und sie segnet.

Trifft das auf dein Leben vielleicht auch zu? Hast du vergessen, die eine Sache zu tun, die du wirklich tun solltest? Hast du dem Heiligen Geist nicht genug Aufmerksamkeit geschenkt?

Der Geist Gottes möchte dir nur zu gern seine große Kraft schenken. Er will dich führen, lehren und erfrischen. Er wird die Lasten tragen, die du nie selbst tragen solltest.

Das Leben bringt immer Herausforderungen mit sich, aber sie sollten nicht dein Leben bestimmen. Dir steht die Kraft von oben zur Verfügung.

Kapitel 2

Komm an meine Seite

Der Heilige Geist als Lehrer

„[Der Heilige Geist wird] *euch alles lehren und euch an alles erinnern, was ich euch gesagt habe.*“
Johannes 14,26

Ich kann mich nicht mehr an seinen Namen erinnern. Marco? Flavio? Luigi? Es war auf jeden Fall ein italienischer Name, denn er war Italiener. Er hatte dieses ungezähmte südländische Aussehen: dunkles Haar, olivfarbene Haut und ein gewinnendes Lächeln. Er trug eine locker sitzende Hose, ein Seidenhemd und Lederschuhe. Ziemlich elegante Kleidung. Aber er war ja schließlich auch Italiener.

Er studierte Geschichte und verdiente sich seinen Lebensunterhalt mit Stadtführungen in Rom. Als wir mit unserer Familie einmal die italienische Hauptstadt besuchten, hatte uns der Freund eines Freundes eines Freundes seinen Namen gegeben. Er erkundigte sich, was wir denn sehen wollten. Die Katakomben? Das Kolosseum? Die Statuen der Kaiser? Den Vatikan oder gar den Papst?

Natürlich wollten wir alles sehen. Aber die Sehenswürdigkeit, die ganz oben auf meiner Liste stand, meine absolute Nummer eins – die *numero uno* –, war die Sixtinische Kapelle.

Seine Augen strahlten. Kennst du diese typisch italienische Geste – wenn man die Fingerspitzen zusammenlegt und sie küsst? Genau diese Geste machte er. „Die Sixtinische Kapelle. Ich bringe euch hin."

Er kannte alles und jeden: den schnellsten Weg zum Vatikan, die kürzesten Verbindungen innerhalb des Vatikans, die Namen der Wachposten im Vatikan. Er redete ohne Punkt und Komma, immer nur über die Sixtinische Kapelle. Michelangelos Geschichte, das Gerüst und das Deckengemälde, das unsere Sicht abendländischer Kunst für immer verändert hat.

Er ging schnell und redete noch schneller. Als wir sie schließlich erreichten, fragte ich mich schon, ob die Kapelle den Erwartungen gerecht werden würde. Und das tat sie auch. Wir reckten die Hälse und schauten zur Decke hinauf. Nach einigen Augenblicken sah ich in seine Richtung. Er lächelte. Er war begeistert darüber, dass wir so begeistert waren. Er hatte diesen „Ich habe es euch doch gesagt"-Ausdruck im Gesicht. Einige Augenblicke lang sagte er gar nichts. Aber dann huschte er zu mir herüber und erläuterte mir im Flüsterton, wie es sich für diesen Ort gehörte, Einzelheiten, die ich ohne ihn niemals entdeckt hätte. Er führte mich in die Ecken, damit ich einen besseren Blick hatte. Er gebrauchte italienische Ausdrücke, aber er war so begeistert, dass ich ihn nicht bitten wollte, sie zu übersetzen.

Er veränderte meine Sicht der Kapelle. Bislang hatte ich sie nur aus der Ferne bewundert. Ich wusste sie aus einiger Entfernung zu schätzen. Aber an jenem Tag war ich hautnah vor Ort und ganz persönlich davon begeistert.

Wäre es nicht wunderbar, wenn jemand das, was dieser Italiener mit der Kapelle getan hat, auch mit der Geschichte von Jesus tun könnte?

Wenn wir nur einen Fachmann hätten, der uns das alles nahebringen könnte. Jemanden, der Jesus Christus so gut kennt wie mein Freund die Sixtinische Kapelle. Jemanden, der uns mit ihm vertraut machen und uns an alles erinnern könnte, was ihn betrifft. Jemanden, dessen Aufgabe es ist, in uns die Begeisterung für unseren Retter zu wecken.

Dieser Jemand ist quicklebendig. Ich kann mich zwar nicht mehr an den Namen dieses Italieners erinnern, aber Jesus hat dafür gesorgt, dass wir alle den Namen des Helfers kennen, dem er diese Aufgabe übertragen hat. Er bezeichnete ihn als den *Parakletos*. Dieses Wort kommt in der Bibel nur fünfmal vor, und allein Jesus hat es viermal benutzt, und zwar in der Nacht vor seiner Kreuzigung.[1]

> „*Und ich werde den Vater bitten, und er wird euch einen anderen Ratgeber* [Parakletos] *geben, der euch nie verlassen wird. Es ist der Heilige Geist, der in alle Wahrheit führt. Die Welt kann ihn nicht empfangen, denn sie sucht ihn nicht und erkennt ihn nicht. Ihr aber kennt ihn, weil er bei euch bleibt und später in euch sein wird. …*
>
> *Doch wenn der Vater den Ratgeber* [Parakletos] *als meinen Stellvertreter schickt – und damit meine ich den Heiligen Geist –, wird er euch alles lehren und euch an alles erinnern, was ich euch gesagt habe. …*
>
> *Doch ich werde euch den Ratgeber* [Parakletos] *schicken – den Geist der Wahrheit. Er wird vom Vater zu euch kommen und wird mein Zeuge sein. …*
>
> *Es ist das Beste für euch, dass ich fortgehe, denn wenn ich nicht gehe, wird der Ratgeber* [Parakletos] *nicht kommen. Wenn ich jedoch fortgehe, wird er kommen, denn ich werde ihn zu euch senden. Und wenn er kommt, wird er die*

Welt von ihrer Sünde und von Gottes Gerechtigkeit und vom Gericht überzeugen. ...

Doch wenn der Geist der Wahrheit kommt, wird er euch in alle Wahrheit leiten. Er wird nicht seine eigenen Anschauungen vertreten, sondern wird euch sagen, was er gehört hat. Er wird euch von dem erzählen, was kommt. Er wird mich verherrlichen, indem er euch alles offenbart, was er von mir empfängt" (Johannes 14,16–17.26; 15,26; 16,7–8.13–14).

In diesen Versen gibt es so vieles, was unsere Aufmerksamkeit verdient.

Wirf nur einmal einen Blick auf die Einheit innerhalb der Dreieinigkeit: Der Sohn bittet den Vater und der Vater schickt den Heiligen Geist. Wir sehen hier, wie alle fröhlich zusammenarbeiten; es ist, als wollte der ganze Himmel die Jesus-Nachfolger unterstützen.

Beachte auch die Pronomen: Jesus will nicht, dass wir den Heiligen Geist als etwas Neutrales oder eine Sache sehen. Der Heilige Geist ist eine Person. Und entsprechend hat er genau wie eine Person einen Verstand, Gefühle und einen Willen. Der Heilige Geist spricht zu den Gemeinden (Offenbarung 2,7), tritt bei Gott für die Gläubigen ein (Römer 8,26), führt und gebietet den Jüngern (Apostelgeschichte 8,29; 16,6–7). Der Heilige Geist ernennt Älteste (Apostelgeschichte 20,28), erforscht alles und weiß alles (1. Korinther 2,10), kennt Gottes Gedanken (1. Korinther 2,11) und lehrt uns (1. Korinther 2,13). Der Heilige Geist wohnt unter und in den Gläubigen (1. Korinther 3,16; Römer 8,11; 2. Timotheus 1,14), verteilt Gaben und Fähigkeiten (1. Korinther 12,11) und schenkt

Der Heilige Geist hat einen konkreten, umfassenden Auftrag: Er soll uns alles über Jesus beibringen.

denen Leben, die glauben (2. Korinther 3,6). Er ruft aus unseren Herzen (Galater 4,6) und führt uns auf Gottes Wegen (Galater 5,18). Er kommt uns zu Hilfe (Römer 8,26), wirkt alles zu unserem Besten (Römer 8,28) und schenkt uns Kraft (Epheser 3,16). Man kann ihn belügen (Apostelgeschichte 5,3–4), betrüben (Epheser 4,30), beleidigen (Hebräer 10,29) und gegen ihn lästern (Matthäus 12,31–32).

Viele Menschen wären überrascht, diese umfangreiche Liste zu sehen. Einer Umfrage zufolge glauben nur vier von zehn Menschen, dass der Heilige Geist eine göttliche Person ist. Die übrigen Befragten hatten entweder keine Meinung oder glaubten eher, dass der Heilige Geist eine Art „Energieschub" sei und kein göttliches Wesen, das uns bevollmächtigt und lehrt.[2] Das ist wirklich traurig, denn wie kann man mit Elektrizität eine Freundschaft pflegen?

Würdest du gemeinsam mit mir ein Versprechen abgeben? Das Versprechen, den Heiligen Geist nie wieder mit „es" zu bezeichnen. Der Heilige Geist ist eine Person. Und Jesus bezeichnet ihn als den *Parakletos*.

Bibelübersetzer geben dieses griechische Wort unterschiedlich, aber dennoch mit ähnlicher Bedeutung wieder: „Tröster" (Luther), „Ratgeber" (Neues Leben), „Helfer" (Gute Nachricht), „Fürsprecher" (Elberfelder) oder „Beistand" (Einheitsübersetzung). Die Übersetzungen variieren, aber die Grundbedeutung ist die gleiche: Wir sind nicht allein.

Aber wozu? Ist der Heilige Geist einfach nur ein göttlicher Begleiter, der uns Gesellschaft leistet? Wenn ja, wäre das allein schon genug. Aber der Heilige Geist hat einen konkreten, umfassenden Auftrag: Er soll uns alles über Jesus beibringen.

> „[Er] *wird … euch alles lehren und* **euch an alles erinnern,** *was ich euch gesagt habe. … Doch ich werde euch den Ratgeber schicken – den Geist der Wahrheit. Er wird vom Vater zu euch kommen und* **wird mein Zeuge sein.** *… Und wenn er kommt, wird er die Welt von ihrer Sünde und von Gottes Gerechtigkeit und vom Gericht überzeugen. … Doch wenn der Geist der Wahrheit kommt,* **wird er euch in alle Wahrheit leiten.** *Er wird nicht seine eigenen Anschauungen vertreten, sondern* **wird euch sagen, was er gehört hat. Er wird euch von dem erzählen, was kommt.** *Er wird mich verherrlichen, indem er* **euch alles offenbart,** *was er von mir empfängt*" (Johannes 14,26; 15,26; 16,8; 16,13–14; Hervorhebungen des Autors).

Wer hätte das gedacht! Gottes unsichtbare Gegenwart hier auf der Erde lädt dich ein, bei ihm Unterricht zu nehmen und von ihm zu lernen.

Der Apostel Paulus hat diesen Gedanken in einem seiner Briefe aufgegriffen: „Aber es ist passiert, wie es in der Schrift heißt: ‚Kein Auge hat je gesehen, kein Ohr je gehört und kein Verstand je erdacht, was Gott für diejenigen bereithält, die ihn lieben.' Wir dagegen wissen darum, weil Gott es uns durch seinen Geist offenbart hat. Sein Geist weiß alles und schenkt uns einen Blick selbst in die tiefsten Geheimnisse Gottes" (1. Korinther 2,9–10).

Menschen, die Gott nicht kennen, suchen in Philosophie und Wissenschaft nach Antworten. Andere Weltreligionen orientieren sich an den Lehren ihrer inzwischen verstorbenen Gründer: Mohammed, Buddha, Konfuzius. Aber Christinnen und Christen halten an einer unergründlichen und doch wunderbaren Zusage fest: Unser Lehrer hat nicht nur in der Vergangenheit gesprochen, sondern spricht auch heute noch. Er hat gelehrt und er lehrt immer noch. Seine Erkenntnis ist nicht in altertümlichen Dokumenten festgehalten, sondern ist Teil unseres täglichen Lehrplans mit unserem Mentor, dem Heiligen Geist.

Paulus schreibt weiter:

> *Der Geist gibt sich nicht damit zufrieden, an der Oberfläche herumzuschweben, sondern taucht in die Tiefen Gottes ein und bringt zum Vorschein, was Gott schon immer geplant hatte.... Gott erzählt uns alles über die Gaben des Lebens und die Errettung, die er uns geschenkt hat. Wir müssen da nicht herumraten oder uns auf irgendwelche irdischen Einschätzungen verlassen. Und wir haben es nicht aus Büchern oder der Schule gelernt; wir haben es von Gott gelernt, der es uns direkt durch Jesus vermittelt hat, und wir wiederum geben es persönlich an euch weiter. ... Jesajas Frage „Ist hier irgendjemand, der den Geist Gottes kennt, der weiß, was er tut?“, ist beantwortet. Christus weiß es und wir haben den Geist Christi* (1. Korinther 2,10.12–13.16; The Message).

Wir werden also mit unseren Fragen nicht alleingelassen. Wir müssen das Rätsel unserer Existenz nicht selbst lösen. Wir haben einen Helfer, einen göttlichen Lehrer. Dieser wird uns aus der Sackgasse der allgemeinen Verwirrung und des Zweifels herausführen. Dazu schreibt er uns gewissermaßen in den Grundkurs seiner Universität ein – das Thema: „Jesus Christus“. Wirf noch einmal einen Blick in die Botschaft aus dem Obergemach:

> *Doch wenn der Vater den Ratgeber* ***als meinen Stellvertreter*** *schickt – und damit meine ich den Heiligen Geist –,*

> *wird er euch alles lehren und euch an alles erinnern,* ***was ich euch gesagt habe****. ... Doch ich werde euch den Ratgeber schicken – den Geist der Wahrheit. Er wird vom Vater zu euch kommen und* ***wird mein Zeuge sein****. ... Doch wenn der Geist der Wahrheit kommt, wird er euch in alle Wahrheit leiten. Er wird nicht seine eigenen Anschauungen vertreten, sondern wird euch sagen, was er gehört hat. Er wird euch von dem erzählen, was kommt.* ***Er wird mich verherrlichen, indem er euch alles offenbart, was er von mir empfängt*** (Johannes 14,26; 15,26; 16,13–14; Hervorhebungen des Autors).

Die Hauptaufgabe des Heiligen Geistes besteht darin, dich in die Sixtinische Kapelle von Jesus zu begleiten und voller Freude dabei zuzusehen, wie du große Augen bekommst und dir die Kinnlade herunterfällt. Er wird dich durch die Geschichte von der Krippe begeistern, dir durch das, was Jesus am Kreuz für dich getan hat, Kraft schenken und durch die Tatsache, dass das Grab leer war, ermutigen. Aber vor allem wird er dich mit seiner Liebe zum Retter anstecken.

Er ist regelrecht verrückt nach Jesus.

Der Autor und Theologe J. I. Packer fasst diesen Gedanken wunderschön in Worte: „Es ist, als stünde der Heilige Geist hinter uns und würde mit einer starken Taschenlampe über unsere Schulter auf Jesus leuchten, der uns gegenübersteht. Die Botschaft des Heiligen Geistes ist niemals: ‚Schau mich an; hör mir zu; komm zu mir; lerne mich kennen.' Vielmehr gibt er uns immer zu verstehen: ‚Schau auf *ihn* und sieh seine Herrlichkeit; höre auf *ihn* und auf sein Wort; geh zu *ihm* und lass dir Leben schenken; lerne *ihn* kennen und lass dich mit Freude und Frieden erfüllen.'"[3]

Wir haben einen Helfer, einen göttlichen Lehrer. Dieser wird uns aus der Sackgasse der allgemeinen Verwirrung und des Zweifels herausführen. Dazu schreibt er uns gewissermaßen in den Grundkurs seiner Universität ein – das Thema: „Jesus Christus".

Genau wie Jesus es den Jüngern angekündigt hatte: „Er wird mich verherrlichen, indem er euch alles offenbart, was er von mir empfängt" (Johannes 16,14).

Ein bekanntes Beispiel dafür finden wir in der Begegnung zweier Männer: Petrus, ein tiefgläubiger Jude, und Kornelius, ein gottesfürchtiger Heide auf der Suche nach Gott. Sie lernten sich einige Jahre, nachdem Jesus in den Himmel zurückgekehrt war, kennen. Ihr Zusammentreffen kam für Petrus völlig überraschend. Die Juden mieden den Kontakt mit Heiden, vor allem mit denen, die in der römischen Armee dienten. Kornelius war durchaus ein Außenseiter: Er konnte die Thora nicht aufsagen und stammte auch nicht von Abraham ab. Er war in eine Toga gekleidet, in seinem Gefrierschrank lag ein Schweinebraten. Unbeschnitten, nicht koscher und unrein. Schau ihn dir nur an.

Und jetzt schau ihn dir noch einmal an. Er war freundlich und fromm. „Er war ein gottesfürchtiger Mann, der mit allen in seinem Haus den Gott Israels achtete. Kornelius unterstützte die Bedürftigen und betete regelmäßig zu Gott" (Apostelgeschichte 10,2). Kornelius war sogar mit einem Engel auf Du und Du. Dieser wies ihn nämlich an, Petrus zu sich einzuladen, der sich gerade etwa 45 Kilometer entfernt in der Hafenstadt Joppe aufhielt. Kornelius schickte drei Boten los, die Petrus holen sollten.

Noch während die Boten unterwegs waren, „sprach der Heilige Geist zu Petrus ...: ‚Drei Männer sind gekommen, die dich suchen. Steig hinunter und geh ohne Bedenken mit ihnen, denn ich habe sie gesandt'" (Apostelgeschichte 10,19–20).

Der Heilige Geist öffnete hier eine Tür, damit nicht nur die Juden, sondern die ganze Welt die Gute Nachricht hören würde.

Petrus wusste eigentlich schon, dass Jesus auch Nichtjuden liebte. Schließlich war er diesem drei Jahre lang gefolgt. Aber er brauchte eine kleine Auffrischung. Und genau diese gab ihm der Heilige Geist. „Doch wenn der Vater den Ratgeber als meinen Stellvertreter schickt – und damit meine ich den Heiligen Geist –, wird er euch alles lehren und euch an alles erinnern, was ich euch gesagt habe" (Johannes 14,26). Die Formulierung „euch an alles erinnern" kann so viel bedeuten wie „vergegenwärtigen".[4] Der Heilige Geist wiederholt das, was Jesus gesagt hat, also nicht bloß, er macht es gewissermaßen aktuell und alltagsrelevant. Er enthüllt uns, was es für die Welt bedeutet, in der wir leben.

Ich kann mich lebhaft an einen Nachmittag erinnern – ich war damals noch nicht lange Pastor –, als die Einladung von Jesus an die Müden allgemein zu einer Einladung von Jesus speziell an Max wurde. Ich hätte eigentlich arbeiten sollen, konnte mich aber einfach nicht konzentrieren. Ich litt an jener Erschöpfung, von der ich schon im letzten Kapitel erzählt habe. Ich kämpfte mit Schlaflosigkeit, mit Verunsicherung und Terminen. Es kam mir so vor, als müsste ich die Probleme aller anderen lösen, müsste ihre Lasten tragen und dürfte dabei nie müde werden. Irgendwann erhob ich mich von meinem Schreibtischstuhl und setzte mich in den Stuhl, der für die Besucher vorgesehen war. Ich neigte den Kopf und seufzte. In diesem Moment kam mir ein Bibelvers in den Sinn: „Kommt alle her zu mir, die ihr müde seid und schwere Lasten tragt, ich will euch Ruhe schenken" (Matthäus 11,28).

Es war das „zu mir", das meine Aufmerksamkeit erregte. Ich hatte mich an alles und jeden gewandt, nur nicht an *ihn*. Diese Worte von Jesus waren plötzlich nicht länger nur Tinte auf dem Papier meiner Bibel, sondern Balsam für meine Seele.

Warum fiel mir gerade dieser Vers ein? Ganz einfach: Der Heilige Geist, mein Lehrer, hatte mich daran erinnert. Und für dich wird er das Gleiche tun.

> *Und wenn der Heilige Geist uns sanft ins Ohr flüstert … und uns darauf aufmerksam macht, dass Jesus real ist und seine Einladung ebenso, dann erfüllt er eine weitere Aufgabe, nämlich die als Vermittler. Er drängt, lockt, bewegt und bringt uns dazu, zu Jesus zu kommen, zu seiner Einladung Ja zu sagen, zu ihm zu gehen und ihn vertrauensvoll zu bitten, unser Retter zu sein, unser Herr, unser Freund, unser König.*[5]

Sind das nicht tolle Neuigkeiten? Der Heilige Geist, der bei der Schöpfung zugegen war, der an der Menschwerdung von Jesus beteiligt war, die treibende Kraft bei der Auferstehung und die starke Hand bei seiner Rückkehr – er ist unser Lehrer. Und er will dir und mir neue, wunderbare Dinge zeigen.

Als ich neulich nach Hause kam, saß meine Frau Denalyn auf dem Fußboden und spielte mit unseren beiden Enkeln. Sie hatte ein halbes Dutzend farbenfroher Spielzeugautos gekauft. Als ich hereinkam, holte sie diese gerade aus der Einkaufstasche. Rose und Max waren schier außer sich vor Begeisterung. Was ja bei einer Vierjährigen und einem zwanzig Monate alten Krabbelkind zu erwarten ist. Rose wusste als die Ältere, was mit den Autos zu tun war. Sie erkannte, dass man diese Autos aufziehen konnte. Also nahm sie sich eines und schob es hin und her, bis es so weit aufgezogen war, dass es über den Boden sauste.

Max dagegen hatte so etwas noch nie gesehen. Es war etwas ganz Neues für ihn. Denalyn freute sich darüber, dass er so begeistert war. Sie saß auf den Steinfliesen und brachte Max bei, wie man das Auto so lange hin und her rollte, bis es aufgezogen war. Als es dann davonschoss, lachte er vergnügt. Und als er lachte, lachte Denalyn gleich doppelt so laut. Sie freute sich darüber, dass er sich freute.

Und das Gleiche möchte der *Parakletos* auch mit dir machen. Er wird deine Denalyn sein. Die Frage ist nur, ob du ein kleiner Max bist. Mein Enkel legte die Haltung an den Tag, die wir uns in dieser Situation von ihm erhofften: ein kindliches Gemüt. Den Hunger danach, etwas Neues zu lernen. Die Bereitschaft, sich anleiten zu lassen. Demut ist der Boden, auf dem die Frucht des Geistes wachsen kann.

Lade ihn in deine Lebenswelt ein. Wie wäre es, wenn du deinen Tag mit den folgenden Worten beginnst: „Willkommen, Heiliger Geist!“ Versuche, gemeinsam mit ihm durch den Alltag zu gehen, indem du ihn bewusst dazu einlädst. „Wenn wir jetzt durch den Heiligen Geist leben, dann sollten wir auch alle Bereiche unseres Lebens von ihm bestimmen lassen“ (Galater 5,25). Folgendes Gebet kann dir dabei helfen: „Was willst du mir in diesem Moment beibringen?“ oder: „Wie soll ich auf diese Herausforderung reagieren, Herr?“ oder: „Bitte zeig mir den richtigen Weg. Wohin soll ich gehen? Was soll ich tun?“ Und dann halte inne und lausche – hab immer ein offenes Ohr für den Heiligen Geist.

Demut ist der Boden, auf dem die Frucht des Geistes wachsen kann.

Ich habe einmal an einem Golfevent teilgenommen, bei dem jeder einen Caddy hatte. Es war toll: Mein Caddy hat nicht nur meine Tasche getragen, er hat mir auch noch angeboten, mir Hilfestellung zu geben, wie ich die einzelnen Löcher spielen sollte. Als wir zum ersten Loch gingen, sagte er: „Ich zeige dir, wo du den Ball schlagen und welchen Schläger du nehmen solltest.“

„Woher weißt du das?“, wollte ich wissen.

„Ich bin hier schon seit zwanzig Jahren Caddy.“

Ich hielt inne, drehte mich zu ihm um und sah ihn an. „Zwanzig Jahre? Wie viele Runden Golf sind denn das?“

Er blickte nachdenklich in den Himmel und überlegte kurz. „Etwa zehntausend.“

Zehntausend! Wahrscheinlich kannte er jeden Grashalm mit Namen. War mit jeder Krümmung des Grüns und jeder Erhebung vertraut – er hatte alles schon selbst erlebt.

Neugierig wollte ich wissen: „Gibt es irgendetwas an diesem Golfplatz, das du nicht weißt?“

„Nein. Ich könnte hier im Dunkeln spielen.“

Also bombardierte ich ihn mit Fragen: Wie weit sollte ich diesen Ball schlagen? Er sagte es mir. Ist dieses Grün sehr schnell? Er sagte es mir. Sollte ich mit dem Golfspielen aufhören und lieber bowlen gehen? Er sagte es mir. Und er hat es mir gesagt, weil ich ihn danach gefragt habe. Es wäre dumm von mir gewesen, ihn nicht um Rat zu bitten.

Und Ähnliches gilt auch für uns: Es wäre dumm, wenn wir den Heiligen Geist nicht um Rat bitten würden. Das ist doch seine Aufgabe: uns zu lehren. Es ist also unser Vorrecht, ständig mit ihm im Gespräch zu sein und auf seine Eingebungen zu achten. Jeden Tag. Jeden Augenblick.

Folge ihm in die Sixtinische Kapelle von Jesus Christus. Höre zu, wenn dein göttlicher Lehrer dir wunderbare Dinge zuflüstert. Du kannst sicher sein, dass der Heilige Geist vor Freude lächelt, wenn du lächelst. Schließlich ist er dein Lehrer.

Kapitel 3

Hisse die Segel

Der Heilige Geist als Wind

Wenn du deinen Geist schickst, wird neues Leben geboren, und du erneuerst die Erde.
Psalm 104,30

„Nicht durch Gewalt und Kraft wird es geschehen, sondern durch meinen Geist", spricht der Herr, der Allmächtige.
Sacharja 4,6

Katie Spotz und Laura Dekker haben vieles gemeinsam. Beide sind Ausdauersportlerinnen. Beide besitzen ein Boot. Beide landeten mit ihren Solotörns in den Schlagzeilen, Katie überquerte den Atlantik, und Laura fuhr um die Welt. Aber obwohl sie so viel gemeinsam haben, gibt es doch einen riesigen Unterschied: Die eine ist gerudert, die andere gesegelt.

Die 23-jährige Katie ruderte mit ihrem Boot von Westafrika nach Südamerika. Ihre 4889 Kilometer lange Fahrt dauerte 70 Tage, 5 Stunden und 22 Minuten. Ihr 5,80 Meter langes gelbes Ruderboot war eigens dazu konstruiert, Orkanböen und fünfzehn Meter hohen Wellen standzuhalten. Der Orkan blieb ihr erspart. Aber die Wellen hielten sie nachts wach. Sie hatte gefriergetrocknete Nahrung mit einer halben Million Kalorien dabei, Müsliriegel und Trockenfrüchte. Sie ruderte acht bis zehn Stunden am Tag und kämpfte mit schmerzhaften Schwielen.[1]

Laura Dekker dagegen machte sich die Windkraft zunutze. 2012 war sie der jüngste Mensch, der je die Welt allein umsegelt hat. Ihr zwölf Meter langer Zweimaster hieß Guppy. Auch diese Reise verlief nicht ohne Probleme. Ein Gericht in den Niederlanden – ihrem Heimatland – versuchte, sie aufgrund ihres jugendlichen Alters von 13 Jahren daran zu hindern. Als sie dann schließlich in See stechen konnte, musste sie Riffen ausweichen und zahlreiche Stürme überstehen. Ihre Reise dauerte ein Jahr und fünf Monate, aber sie schaffte es.[2]

Ich habe nicht vor, dem Beispiel der beiden zu folgen. Endlos viele Tage allein auf dem Wasser? Da wäre mir doch eine Wurzelbehandlung ohne Betäubung lieber! Aber wenn ich zwischen Rudern und Segeln wählen müsste, wüsste ich, wie ich mich entscheiden würde.

Du auch?

Was beschreibt geistlich gesehen dein Lebensboot am besten? Ist es ein Ruderboot oder ein Segelboot?

Eine Antwort auf diese Frage zu finden, ist wichtig. Immer wieder wehen uns heftige Winde entgegen und wir müssen Untiefen ausweichen. Und auch Gott hat eine Reihe von Aufgaben für uns:

- „Sorgt für die Armen."
- „Tröstet die Ratlosen."
- „Sagt die Wahrheit."
- „Vergebt Trotteln."
- „Betet unablässig."
- „Dient selbstlos."
- „Führt ein moralisches Leben."

Daneben sind wir aufgerufen,

- gute Verwalter des Geldes zu sein,
- gute Ehepartner zu sein,
- gute Staatsbürger zu sein,
- gute Bewahrer der Natur zu sein und
- gute Mitarbeiter am Arbeitsplatz zu sein.

Gott fordert uns weiterhin auf,

- unsere Gaben zu entdecken und sie einzusetzen,
- die zu finden und denen nachzugehen, die ihn noch nicht kennen,
- die verlorenen Söhne und Töchter zu finden und sie zu segnen,
- die Verirrten zu finden und ihnen den Weg zu zeigen und
- unser Temperament, unser Verlangen, unsere Gier, unsere Arroganz, unsere Zunge, unsere Faulheit, unseren Appetit und unsere schlechte Laune zu zügeln.

Na, bist du schon müde? Es ist leichter, den Ozean mit einem Fingerhut auszuschöpfen, als diese Dinge alle zu erfüllen. Wir wollen die Welt verändern? Meistens können wir ja nicht einmal uns selbst verändern!

Ein Freund hat mir einmal erzählt, dass sein zehnjähriger Sohn von zu Hause weggelaufen sei. Nachdem er den ganzen Tag unterwegs gewesen war, kam der Junge abends mit hängendem Kopf zurück.

„Nun, mein Sohn“, fragte ihn der Vater, „was hast du heute gelernt?“

Der Junge antwortete: „Ich habe gelernt, dass ich mich immer mitnehme, egal, wohin ich gehe.“[3]

Tun wir das nicht alle?

Wir nehmen unsere Gier, unseren Egoismus, unsere Verletzungen und unsere wenig schönen Seiten mit uns. Wir wagen es nicht, auch nur einen Augenblick zu glauben, dass wir die Kraft haben, die Person zu sein, die wir nach Gottes Willen sein sollten – aber wir wagen es auch nicht zu glauben, dass Gott uns diese Kraft *nicht* geben wird. Er gibt uns die Kraft, der Mensch zu sein, der wir nach seinem Willen sein sollen. Diese Verheißung hat Jesus jedenfalls einem religiösen Anführer gegeben, der ihn einmal nachts aufsuchte.

„Unter den Pharisäern gab es einen Mann namens Nikodemus; er war ein Mitglied des Hohen Rates“ (Johannes 3,1; Hfa). Es gab damals nur 6000 Pharisäer in Israel, und Nikodemus gehörte dazu. Zum Hohen Rat gehörten wiederum nur 21 Geistliche und er war einer von ihnen. Jesus nannte ihn sogar einen angesehenen „Lehrer Israels“ (Vers 10) und deutete damit seine besondere Stellung an. Nikodemus war so religiös wie das ganze Studienseminar der Baptisten zusammen.

Eines Nachts kam Nikodemus also zu Jesus: „‚Rabbi‘, sagte er, ‚wir wissen, dass Gott dich als Lehrer zu uns gesandt hat. Denn niemand kann die Wunder tun, die du vollbringst, wenn Gott sich nicht zu ihm stellt‘“ (Vers 2; Hfa).

Er war vorsichtig und taktvoll. Vorsichtig genug, um nachts zu kommen, damit ihn keiner bei seinem Gespräch mit dem aufstrebenden Rabbi erwischte. Taktvoll genug, um diesem zu schmeicheln und so einen guten ersten Eindruck zu hinterlassen. Jesus war dagegen weder vorsichtig noch taktvoll. Er war entschieden und eindringlich. Obwohl Nikodemus ihm keine Frage gestellt hatte, gab Jesus ihm eine Antwort. „Jesus erwiderte: ‚Ich versichere dir: Wenn jemand nicht von Neuem geboren wird, kann er das Reich Gottes nicht sehen'" (Vers 3).

Man bedenke, dass Jesus hier quasi mit einem Bischof sprach. Wenn Religion damals ein akademisches Fachgebiet gewesen wäre, hätte Nikodemus eine ganze Wand voller Zeugnisse und Urkunden gehabt. Aber Jesus beeindruckten diese Qualifikationen wenig. Er sagte zu Nikodemus: „Du musst von Neuem geboren werden", so als ob er sagen wollte: „Fang noch mal ganz von vorne an."

Diese Botschaft war etwas radikal für jemanden, der in einem solch feinen Zwirn gekleidet war wie Nikodemus. Der Pharisäer war folglich etwas verblüfft. Er fragte: „Wie kann jemand neu geboren werden, wenn er schon alt ist? Er kann doch nicht wieder in den Mutterleib zurück und noch einmal auf die Welt kommen!" (Vers 4; Hfa).

Nikodemus sagte in dieser kurzen Unterhaltung nur vier Sätze. In diesen Sätzen benutzt er viermal das Wort „kann":

„Niemand kann ..." (Vers 2).

„Wie kann ..." (Vers 4).

„Er kann doch nicht ..." (Vers 4).

Seine letzte Frage steht in Vers 9 und enthält das vierte „kann": „Wie kann dies geschehen?" (ELB).

Nikodemus war ganz auf das fixiert, was ein Mensch tun kann oder nicht tun kann. Es ging ihm nur um menschliche Anstrengungen, menschlichen Grips, menschliche Leistung. Nach seiner Auffassung ließ sich die Tür zum Himmel nur unter Einsatz der Ellbogen öffnen.

Jesus dagegen spricht viermal von der menschlichen *Un*fähigkeit. Ohne Hilfe von oben kann der Mensch ...

1. ... das Reich Gottes nicht sehen (d. h. erleben) (Vers 3),
2. ... nicht in das Reich Gottes kommen (Vers 5),

3. ... den Heiligen Geist nicht erschaffen (Vers 6) und
4. ... nicht erkennen, wie der Heilige Geist wirkt (Vers 8).

Wir haben es hier mit einem der bekanntesten biblischen Gespräche zu tun. Auf der einen Seite Nikodemus, der die wohlmeinenden, gottesfürchtigen, gesetzestreuen, steuerzahlenden Leute repräsentiert, die mit der Bibel unterm Arm immer ihren Zehnten geben, in der Kirchenbank sitzen, Kerzen anzünden, Bibelverse auswendig lernen und brav weiterrudern. Auf der anderen Seite Jesus Christus.

Und was Letzterer zu Ersterem sagt, ist so verblüffend, dass es bis heute die Kirchen und Synagogen erschüttert. „Ich sage dir: Niemand kommt in das Reich Gottes, der nicht aus Wasser und Geist geboren wird. Menschen können nur menschliches Leben hervorbringen, der Heilige Geist jedoch schenkt neues Leben von Gott her" (Johannes 3,5–6).

Der Ausdruck „das Reich Gottes" meint eine Beziehung zu Gott in diesem Leben und Zugang zum Himmel im nächsten Leben. Hier geht es um sehr viel. Wie bekommen wir diese Staatsbürgerschaft? Wir müssen von Neuem geboren werden.

Bei unserer ersten Geburt sind wir neu erschaffene Menschen. Bei unserer zweiten Geburt sind wir völlig neue Schöpfungen. Und wer begleitet unsere zweite Geburt? Der Heilige Geist![4] Ja, ohne den Heiligen Geist wäre die Neugeburt unmöglich! „Niemand kann sagen: ‚Jesus ist der Herr', wenn es ihm nicht der Heilige Geist eingibt" (1. Korinther 12,3).

Wir können Nikodemus keinen Vorwurf machen, dass er den Aussagen von Jesus nicht folgen konnte. Er hatte kaum „Guten Abend" gesagt, da erzählte Jesus ihm schon wie aus der Pistole geschossen von einem neuen Königreich, einer Neugeburt und der Macht, beides zu erleben. Aber Jesus kam gerade erst richtig in Fahrt.

„Der Wind weht, wo er will. Du hörst ihn zwar, aber du kannst nicht sagen, woher er kommt oder wohin er geht. So kannst du auch nicht erklären, wie die Menschen aus dem Geist geboren werden" (Johannes 3,8). Jesus hätte das ganze Universum nutzen können, um den Heiligen Geist zu beschreiben. Kometen, Galaxien, Ozeane, Belugawale. Und aus diesem großen Fundus an Begrifflichkeiten wählte er genau diesen Vergleich für Nikodemus: Wind. Man kann leicht nachvollziehen, weshalb.

Genau wie der Wind ist auch der Heilige Geist eine unsichtbare Kraft.

Der niederländische Theologe Abraham Kuyper widmete Jahre und über eintausend Seiten dem Studium des Heiligen Geistes. Die Überschrift des ersten Kapitels in seinem Buch lautet „Mit Vorsicht behandeln" und darin steht folgender Abschnitt:

> *Nichts von ihm ist sichtbar; er tritt nie aus der ungreifbaren Leere heraus. Er bleibt ein Mysterium und schwebt ungestalt und unbegreiflich. Er ist wie der Wind! Wir hören sein Geräusch, aber wir wissen nicht, woher er kommt und wohin er geht. Das Auge kann ihn nicht sehen, das Ohr kann ihn nicht hören, geschweige denn die Hand ihn greifen.*[5]

Der Heilige Geist ist völlig heilig und gleicht keinem anderen Wesen auf dieser Welt.

Und das sind gute Nachrichten! Wir brauchen Hilfe von außerhalb, eine Kraftquelle, die unberührt bleibt von dem, was uns berührt, ungerührt von dem, was uns verwirrt, ungebunden von dem, was uns bindet. Wetterlage, körperliche Alterungsprozesse,

Pandemien, Börsenschwankungen oder Diktatoren haben keinerlei Einfluss auf den Heiligen Geist. Er war noch nie krank. Er wird nie Angst haben. Er macht sich keine Sorgen, muss sich nicht anstrengen oder um etwas ringen. Er ist der Heilige Geist, von Mysterium und Majestät durchdrungen.

„Der Wind weht, wo er will" (Johannes 3,8).

Ebenso ist der Heilige Geist keiner Regierung oder Organisation verantwortlich. Er ist keinem Präsidenten, Priester, Prinzen oder Pastor Rechenschaft schuldig. Er weht, wo er will. Er ist stark genug, um den Weg frei zu machen. Er kann Mauern aus Vorurteilen niederreißen und selbst das starrsinnigste Herz bezwingen. Und doch ist er sanft. So sanft, dass sich kaum ein Blatt regt. An Pfingsten war er ein brausender Sturm. Am Berg Horeb ein leises, sanftes Flüstern.

Der Heilige Geist ist wie der Wind. Wäre das alles gewesen, was Jesus über ihn gesagt hätte, hätte Nikodemus schon genug Stoff zum Nachdenken gehabt. Aber Jesus hat die Fantasie von Nick und Max und allen, die versuchen, die dann folgenden Kostbarkeiten zu erfassen, noch weiter herausgefordert:

„So ist es auch mit der Geburt aus Gottes Geist" (Vers 8; Hfa).

Gemüse bringt Gemüse hervor. Ein Hund bringt einen Hund hervor. Ein Fisch bringt einen Fisch hervor. Und was aus dem Geist geboren ist, ist Geist. Das bedeutet dann wohl, dass wir seinen Wind, seine unsichtbare Kraft in uns haben. Wir sind Gastgeber für das Mysterium und die Majestät Gottes.

Was wir nicht tun können, das kann er tun. Womit hast du gerade zu kämpfen? Welcher steile Anstieg bringt dich außer Atem? Solltest du jemandem vergeben? Musst du ein Problem lösen? Eine Gewohnheit ablegen? Und du schaffst es nicht? Der Heilige Geist kann es – und du hast die Kraft des himmlischen Windes in dir.

Ich betrachte mich ein wenig als Fachmann in Sachen Wind. Ich wuchs nämlich in einer windigen Gegend auf. Im Frühjahr betrug die durchschnittliche Windgeschwindigkeit in meiner Heimatstadt etwa zwanzig Kilometer pro Stunde. (Bei uns erzählt man sich einen Witz über einen Farmer aus Westtexas, der mit geschwollener Nase von einer Reise nach New York zurückkam. Er war so sehr daran gewöhnt, sich gegen den Wind zu lehnen, dass er ständig auf die Nase fiel, weil dort kaum Wind wehte.)

Ein geschäftstüchtiger Unternehmer kam auf den Gedanken, dass man mit dem Wind doch Geld verdienen könnte. Er eröffnete am Ufer des örtlichen Sees einen Segelboot-Verleih. Die Boote waren so lang wie ein Surfbrett und hatten einen Mast mit Segel. Mein Freund James und ich waren zwei seiner ersten Kunden. Allerdings konnte keiner von uns beiden segeln. In Westtexas gibt es zwar viel Wind, aber keine Segler.

Wir stiegen ins Boot und stießen uns ab. Oder stießen wir uns zuerst ab und stiegen dann ins Boot? Auf jeden Fall trieben wir hinaus auf den See und genossen ein paar Augenblicke lang das Leben auf hoher See. Aber dann ließ die Geschwindigkeit nach. Ich sah James an und er sah mich an und wir zuckten beide mit den Achseln. Wir hatten keine Ahnung, wie man den Mast losband oder das Segel hisste. Also taten wir das Einzige, was wir tun konnten: Wir sprangen ins Wasser, schwammen hinter das Boot und machten uns an die Arbeit.

Wenn ich an diese beiden Teenager denke, die zur Anlegestelle strampeln und dabei ein Segelboot schieben, erinnert mich das an viele wohlmeinende Christen. Wir brauchten den letzten Rest Energie auf, um aus eigener Kraft wieder an Land zu kommen.

Jesus lädt uns aber ein, das Segel zu hissen.

Ein Ruderboot-Glaube ist ermüdend und frustrierend. Diejenigen, die es doch aus eigener Kraft versuchen, bleiben erschöpft und verzweifelt zurück. Diejenigen, die den Heiligen Geist die Arbeit machen lassen, bekommen hingegen Rückenwind. Natürlich brechen auch jetzt noch Stürme über ihr Leben herein. Die See ist manchmal rau. Aber sie müssen sich den Elementen nicht allein entgegenstellen.

Nikodemus war völlig auf das Wort „kann" fokussiert. Ein Christ sollte jedoch auf das Wort „vollbracht" fokussiert sein. Die Errettung ist vollbracht. Gott hilft denen, die sich eingestehen, dass sie sich nicht selbst helfen können.

Erinnert dich das ein bisschen an dich selbst? Falls du es noch nicht getan hast, möchte ich dich einladen, dem zu vertrauen, den Gott auf diese Erde gesandt hat. Vertraue darauf, dass Jesus das tut, was nur er tun kann. Verlass dich darauf, dass der Heilige Geist einen neuen Geist, eine neue Schöpfung in dir hervorbringt. Schluss mit den Ritualen. Schluss mit dem ständigen Abstrampeln. Die endlos lange Liste von Ge- und Verboten und der schreckliche Gedanke, man könnte nach all dem Einsatz doch nicht genug getan haben, sind verschwunden. Nie wieder nachts heimlich und voller Angst zu Christus kommen.

Komm im Licht eines neuen Tages zu ihm! Komm in der Kraft deines neuen Ichs.

Vor ein paar Tagen fiel in unserem Viertel abends der Strom aus. Wir hatten nicht zu wenig Strom, sondern gar keinen Strom mehr. Der Strom war komplett abgestellt. Die Leitung zwischen der Trafostation und den Haushalten war durchtrennt. Es gab gar keinen Strom mehr. Null. Nichts. Nada. Zero. Hätte man die Leitungen in unserem Haus durchgemessen, hätte das Gerät keinerlei Ausschlag gezeigt.

Licht aus. Fernseher aus. Klimaanlage aus. Die Mikrowelle ging nicht. Der Kühlschrank verwandelte sich langsam, aber sicher in einen Backofen. Die Ventilatoren rührten sich nicht mehr. Gerade noch hatten Denalyn und ich in einem hell erleuchteten Zimmer gesessen, und im nächsten Augenblick hockten wir in einer finsteren, stillen Höhle.

Zum Glück wussten wir genau, was zu tun war. Jüngere, weniger erfahrene Menschen sind in einer solchen Situation vielleicht verwirrt, irritiert oder haben Angst. Aber nicht meine Frau und ich. Wir sind schon alt genug, um zu wissen, was jetzt zu tun ist. Wir wurden sofort aktiv.

Denalyn untersuchte die Deckenventilatoren. Sie holte eine Trittleiter, schnappte sich eine Taschenlampe und drehte die Rotorblätter. Sie drehte den Ventilator, so schnell sie konnte.

„Kannst du den Luftzug schon spüren?", fragte sie mich ganz außer Atem.

„Noch nicht, Schatz. Mach weiter. Bald wird man den Luftzug im ganzen Haus merken." Sie musste es einfach schaffen. Ich war durch meine Bemühungen am Lichtschalter schon ganz nass geschwitzt. Weil ich dachte, ich könnte durch meine Aktivität Strom erzeugen, machte ich die Lichtschalter ständig an und aus. Ich hatte kein Glück damit, ließ mich aber nicht entmutigen.

Ich stellte mich vor den Fernseher und fing mit Aufgabe Nummer zwei an: durch Schreien wieder einschalten. „Los jetzt! Mach schon! Tu, wozu du da bist! Wir wollen Farben sehen, Stimmen hören, Filme sehen."

Die ausbleibende Reaktion verstärkte meine Entschlossenheit nur noch. Ich merkte, dass ich gleichzeitig die Lichtschalter betätigen und den Fernseher anschreien konnte. Also ging ich hastig zu den Lichtschaltern zurück, stieß mir unterwegs am

Couchtisch das Schienbein an und betätigte erneut die Schalter und schrie den Fernseher an.

Das Wohnzimmer war voller Aktivität.

Denalyn drehte wie wild den Ventilator.

Max drückte auf die Lichtschalter.

Max schrie den Fernseher an.

Als der Strom nicht zurückkam, machten wir weiter. Du hättest uns mal sehen sollen. Es hätte dich tief beeindruckt.

Wie bitte? Du bist nicht beeindruckt? Was? Hektik erzeugt keine Energie?

Ich bin so froh, dass du das sagst. Das war auch die Botschaft, die Jesus für Nikodemus hatte. Und das ist auch seine Botschaft an uns. Wir können unseren Auftrag nicht allein erfüllen. Wir haben weder die Kraft noch die Entschlossenheit noch die Macht dazu. Aber der Heilige Geist schon. Also vertrau auf ihn. Hisse das Segel, hol tief Luft, und genieße die Fahrt.

Kapitel 4

Seufzer aus tiefstem Herzen

Der Heilige Geist als Fürsprecher

Der Heilige Geist hilft uns in unserer Schwäche. Denn wir wissen ja nicht einmal, worum oder wie wir beten sollen. Doch der Heilige Geist betet für uns mit einem Seufzen, das sich nicht in Worte fassen lässt.
Römer 8,26

„Schon jetzt, das müsst ihr wissen, habe ich einen Zeugen im Himmel. Dort oben habe ich einen, der für mich bürgt. Er ist mein Fürsprecher, mein Freund. Unter Tränen schau ich hinauf zu Gott. Er wird den Streit schlichten, den ein Mann gegen Gott führt. Er wird auch zwischen den Menschen vermitteln."
Hiob 16,19–21 (BasisBibel)

Ein mikroskopisch kleines Virus hat uns lahmgelegt. Während ich diese Worte schreibe, hat Corona unsere Wirtschaft lahmgelegt, weltweit Angst verbreitet und unzählige Menschen das Leben gekostet. Wir befinden uns in einem Tsunami der Angst. Als ich mit diesem Buch angefangen habe, gab es solche Ausdrücke wie „Social Distancing", „Inzidenz", „Maskenpflicht" noch gar nicht. Jetzt gehören sie zum allgemeinen Wortschatz. Wir tragen Masken im Gesicht und Angst im Herzen und verriegeln unsere Türen, weil wir befürchten, etwas unter Umständen Tödliches einzuatmen.

Wenn du diese Worte liest, ist diese Pandemie vorüber. Dennoch glaube ich, dass wir folgende Feststellung in die Geschichtsbücher aufnehmen sollten: Wir wussten nicht, wie wir beten sollen.

Ich weiß, dass das stimmt, denn ich habe in dieser Zeit eine virtuelle Gebetsseite ins Leben gerufen. Dort habe ich jeden Tag eine Botschaft der Hoffnung gepostet, zusammen mit der folgenden Einladung: „Schreibt uns eure Anliegen und wir werden für euch beten." Die Seite wurde regelrecht mit Gebetsanliegen überflutet. Sie stammten aus aller Herren Länder – von Kanada bis Kambodscha. Uns erreichten Hunderttausende von Sätzen wie diesen:

„Betet, dass ich irgendeine Anstellung finde."
„Betet, dass ich mich wieder mit meiner Familie versöhne."
„Bittet Gott, dass er mir hilft, nachts zu schlafen."
„Ich bin einsam. Betet, dass jemand mich anruft."

Aber die häufigsten Bitten waren diejenigen, die aus dem tiefsten Herzen gesprochen wurden:

„Ich weiß nicht, worum ich bitten soll. Betet einfach für mich."
„Mir fehlen die Worte. Könnt ihr einfach meinen Namen im Gebet sagen?"
„Ich versuche zu beten, aber ich kann es nicht. Meistens weine ich einfach nur."
„Ich würde ja beten, aber die Anliegen sind zu groß, um sie in Worte zu fassen."
„Ich kann nur noch seufzen."

Das Seufzen aus tiefstem Herzen – du hast es bestimmt auch schon gehört. Du hast es vermutlich auch schon mal getan. Es ist die Muttersprache des Schmerzes, die Sprache der Verzweiflung. Seufzer – wo es keine Worte mehr gibt, sind das die Worte. Wenn man nicht mehr weiß, was man beten soll, dann muss das genügen. An sonnigen Tagen werden schöne, poetische Bitten vorgetragen, aber in stürmischen Jahreszeiten erklingen nur die schwermütigen Klänge der Traurigkeit, der Angst und des Schreckens.

Aber auch diese ungeschliffenen Bitten finden ihren Weg in die Gegenwart Gottes, des Vaters. Woher wir das wissen können? Weil sie der Obhut des Heiligen Geistes anvertraut werden.

> *Denn wir wissen, dass die ganze Schöpfung bis zu diesem Augenblick mit uns seufzt, wie unter den Schmerzen einer Geburt. Und selbst wir, obwohl wir im Heiligen Geist einen Vorgeschmack der kommenden Herrlichkeit erhalten haben, seufzen und erwarten sehnsüchtig den Tag, an dem Gott uns in unsere vollen Rechte als seine Kinder einsetzen und uns den neuen Körper geben wird, den er uns versprochen hat. … Der Heilige Geist hilft uns in unserer Schwäche. Denn wir wissen ja nicht einmal, worum oder wie wir beten sollen. Doch der Heilige Geist betet für uns mit einem Seufzen, das sich nicht in Worte fassen lässt. Und der Vater, der alle Herzen kennt, weiß, was der Geist sagt, denn der Geist bittet für die, die zu Gott gehören, wie es dem Willen Gottes entspricht* (Römer 8,22–23.26–27).

Es gibt nur wenige Bibelstellen, die so deutlich machen, wie mitfühlend der Heilige Geist ist. Wir sind sein kraftvolles Handeln gewöhnt. Feuerflammen, die vom Himmel auf Petrus fallen. Gefängnistüren, die sich für Paulus öffnen. Durch das Wirken des Heiligen Geistes sah Hesekiel, wie sich Skelette erhoben, und Mose erlebte, dass sich das Rote Meer teilte. Aber genauso wichtig ist etwas anderes: Der Geist kümmert sich um die unverständlichen Gebete der Menschen, denen angesichts ihrer Situation die Worte fehlen, und übersetzt sie, sodass sie vor dem Richterstuhl im Himmel gehört werden.

„Und selbst wir, obwohl wir im Heiligen Geist einen Vorgeschmack der kommenden Herrlichkeit erhalten haben, seufzen" (Vers 23). Die Gegenwart des Heiligen Geistes garantiert nicht die Abwesenheit von Schmerz. Schmerz gehört zu jedem Leben einfach dazu. Und dieser Schmerz führt dazu, dass wir uns schwach fühlen. Paulus' Lieblingswort im Zusammenhang mit „Schwachheit" taucht auch noch an anderen Stellen in seinen Briefen im Kontext von körperlichen Anfechtungen auf. Er erwähnt seine eigene Erkrankung (Galater 4,13) und auch die von Timotheus (1. Timotheus 5,23). Es hat ganz den Anschein, als dachte Paulus sehr oft an Krankheit.

Krankheit raubt uns die Energie. Ich kann mich noch lebhaft daran erinnern, dass ich mal Vorhofflimmern hatte, bei dem ich monatelang mit einem zu schnellen Herzrhythmus zu kämpfen hatte. Mein angeschlagener körperlicher Zustand raubte mir die Kraft und ließ mir alles nur grau in grau erscheinen. Die Ärzte waren ratlos und ich war entmutigt. Immer wieder schlich ich mich in unseren Gottesdienstsaal, kniete mich dort nieder und brachte meine Bitten ungeschönt vor Gott.

Meine Schwäche war nichts im Vergleich zu dem, was manche von euch vielleicht durchleben. Wenn der Krebs dir deine jugendliche Kraft raubt. Wenn MS dir den Lebensatem nimmt. Wenn Rheuma deine Gelenke steif macht. In solchen Zeiten bestehen Gebete oft nur noch aus einem Stöhnen.

Vielleicht hat deine Schwachheit aber auch einen anderen Grund. Vielleicht schwächt dich eine zerrüttete Ehe. Oder der Konkurs deines Arbeitgebers. Oder die Ablehnung eines Menschen, der dir wichtig ist. Vielleicht fühlst du dich aber auch durch deine Arbeitslosigkeit schwach. In solchen Situationen ist unser Verstand zu aufgewühlt, um ein Gebet zu sprechen. Es geht uns wie König Hiskia, der gestand:

> *... mein Klagen klingt wie das Gurren einer Taube. Mit müden Augen starre ich nach oben; ich bin am Ende, Herr, komm mir doch zu Hilfe!* (Jesaja 38,14; Hfa).

Oder wie dem Psalmisten, der schrieb:

> *Rasendes Fieber verzehrt mich und meine Gesundheit ist dahin. Ich bin erschöpft und am Ende meiner Kraft. Vor Qual kann ich nur noch stöhnen und schreien* (Psalm 38,8–9).

Das, was wir uns vom Leben erhoffen, und das, was wir tatsächlich bekommen, klafft oft weit auseinander. Und in solchen Zeiten der Schwachheit wissen wir häufig nicht, „worum oder wie wir beten sollen“ (Römer 8,26).

Danke, Paulus, für dein ehrliches Geständnis. Wenn sogar dir, dem Apostel und Verfasser der meisten neutestamentlichen Briefe, hin und wieder die Worte fürs Gebet gefehlt haben, ermutigt uns das sehr, denn uns geht es manchmal genauso.

Worum soll die Krebspatientin bitten? Um Heilung oder darum, dass Gott sie zu sich in den Himmel holt?

Wofür soll der Vater bitten, dessen Sohn vom rechten Weg abgekommen ist? Soll er um göttliche Geduld im Umgang mit seinem Sohn bitten oder um einen Schweinestall für diesen?

Wofür sollte der verfolgte Christ im Gefängnis bitten? Dass er freikommt oder dass er in der Gefangenschaft standhaft bleibt?

Wir wissen oft nicht, worum oder wie wir beten sollen. Was ist, wenn unsere Gebete zu dürftig sind und es einfach nicht verdienen, von Gott gehört zu werden? Was ist, wenn er uns zurückweist? Andere beten mutig, entschlossen und überzeugt. An so vielen Stellen lesen wir in der Bibel von Gebeten, die für Petrus Gefängnistüren geöffnet und bei Paulus Kranke geheilt haben. Und wir selbst bringen kaum ein Vaterunser über die Lippen. Hört der Himmel die kraftlosen Gebete eines erschöpften Menschen überhaupt?

Dank unseres himmlischen Helfers lautet die Antwort hier Ja. „Doch der Heilige Geist betet für uns“ (Vers 26).

Fürbitte bedeutet einfach nur zu vermitteln. Wenn ein starker Mensch sich für das Anliegen eines schwachen Menschen einsetzt, ist das Fürbitte.

Meine Frau und ich machten 1983 Erfahrungen mit Fürbitte. Als Denalyn und ich nach Rio de Janeiro zogen, waren wir die unerfahrensten Gringos überhaupt. Wir sprachen nur ein paar Brocken Portugiesisch, falls überhaupt. Wir hatten noch nie im Ausland gelebt. Hatten zwar Bücher über kulturübergreifende Anpassung gelesen, aber kein Buch kann dich auf den Augenblick vorbereiten, in dem du ohne Rückflugticket aus dem Flugzeug steigst.

Es fiel uns vor allem deshalb schwer, in dem neuen Land anzukommen, weil unsere Sachen beim Zoll feststeckten. Wir hatten Möbel, Familienbilder, Geschirr, Bücher, Töpfe und Pfannen in einem Container nach Brasilien geschickt, aber wir kamen nicht ran. Unsere Wohnung war komplett leer; der Container war voll. Der Zollbeamte musste ihn nur freigeben.

Mehrere Wochen lang fuhr ich regelmäßig zum Zollamt. Mit meinem gebrochenen Portugiesisch bat ich den Beamten, unseren Container freizugeben. *„No Senhor."* Seine Ausführungen enthielten Worte wie „verspätet", „braucht Zustimmung", „kommen Sie morgen wieder". Ich verstand nicht, was das Problem war, und sprach auch nicht genug Portugiesisch, um meinen Fall korrekt vorzutragen. Wir steckten in einer Sackgasse.

Stell dir einmal vor, wie schlimm es mir ging, als ich Tag für Tag zu Denalyn zurückkam und ihr sagen musste: „Ich krieg den Container nicht."

Irgendwann kam Quenho ins Spiel, unser Nachbar. Er und seine Frau tauchten einfach in unserer Wohnung auf und stellten sich uns vor. Wir konnten ihnen keine Sitzgelegenheiten anbieten, also tranken wir unseren Kaffee im Stehen. Ich erklärte ihm meine Notlage.

Quenho lächelte und meinte: „Ich werde dir helfen. Ich bin Anwalt."

Ich erzählte ihm, dass ich es schon seit einem Monat versuchte.

Er war erstaunt. „Ich krieg das hin."

Konnte er das wirklich? Wir gingen zum Zoll, und Quenho wandte sich an denselben Beamten, der mich schon so viele Male abgewiesen hatte. Nach wenigen Augenblicken lachten die beiden Männer miteinander. Quenho zeigte auf mich und bedeutete mir, an den Schalter zu treten. Er legte mir den Arm um die Schulter und erklärte dem Beamten, dass er mein Nachbar sei. Unter Umständen floss auch ein bisschen Geld. Ich bin mir nicht sicher. Ich weiß nur, dass es funktioniert hat. Der Container wurde freigegeben. Unsere Möbel wurden geliefert und meine Frau war überglücklich.

Quenho hatte alles, was ich nicht hatte: Er verstand die Kultur. Er sprach die Sprache. Er war mit den gesetzlichen

Vorgaben vertraut. Er erkannte das Problem. Er wusste, wie er den Zollbeamten überzeugen konnte. Und zu unserem Glück war er bereit, sich für uns einzusetzen.

Er war unser Fürsprecher.

Und genau das ist die Aufgabe des Heiligen Geistes. In den Momenten, in denen nichts mehr geht, darfst du dir gewiss sein, dass Gottes Heiliger Geist dein Fürsprecher ist. „Selbst wenn jemand nur noch seufzend auf Erlösung warten kann und wenn dann selbst das Seufzen verstummt, so seufzt Gottes Geist schon in ihm und tritt für ihn ein.“[1]

Wir wissen nicht, wie oder was wir beten sollen, aber der Heilige Geist weiß es. Und wie er das weiß! Anders als der Zollbeamte ist dein himmlischer Vater aber mehr als bereit, überreichen Segen freizugeben. Der Heilige Geist ist dein Fürsprecher und dein himmlischer Vater dein Versorger – du fühlst dich vielleicht schwach, aber du warst noch nie stärker.

> In den Momenten, in denen nichts mehr geht, darfst du dir gewiss sein, dass Gottes Heiliger Geist dein Fürsprecher ist.

Demnach könnten die größten Gebetskrieger tatsächlich diejenigen sein, die uns am schwächsten vorkommen: der Verurteilte im Gefängnis, der Einwanderer an der Grenze, das verlassene Kind im Waisenhaus. Der Gebetsschal aus den Fasern der Depression ist genauso heilig wie der aus reiner Seide. Meine Mutter litt unter Demenz, lag nur noch im Bett und murmelte vor sich hin. Doch unser gütiger Gott hörte sie. Und ist es nicht ein Gebet, das des Himmels würdig ist, wenn sich der Kriegsveteran mit posttraumatischer Belastungsstörung danach sehnt, wieder Teil der Gesellschaft zu werden?

Genau jetzt in diesem Moment, während ich diese Worte schreibe oder während du diese Worte liest, spricht der Geist des lebendigen Gottes mit dem Rest der Dreieinigkeit über dich. Der ewige, unendliche, immerwährend-schöpferische Heilige Geist setzt sich für dich ein. Er

- verwandelt unsere wortlosen Seufzer und unser schmerzliches Stöhnen in Gebete (Römer 8,26; The Message).
- betet für uns mit einem Seufzen, das sich nicht in Worte fassen lässt (NL).
- tritt für uns ein mit unaussprechlichem Seufzen (LU).

Findest du das nicht erstaunlich? Kraft von oben! Die größte Macht, die einzig wahre Macht im gesamten Universum ist unser Verbündeter, unser Fürsprecher, unser Anwalt. „[Er] bringt uns ständig bei Gott in Erinnerung. Deshalb können wir so sicher sein, dass jedes Detail unseres Lebens aus Liebe zu Gott zu etwas Gutem wird" (Vers 28; The Message).

Was du in der Dunkelheit der Nacht betest, wird im Licht des Thrones deines Vaters gehört. „Du zählst alle meine Klagen. Sammle alle meine Tränen in einem Gefäß. Du hast doch jede einzelne in deinem Buch festgehalten" (Psalm 56,9).

Diese Zusage kann deine Gebetszeit bereichern. Für den Apostel Paulus tat sie das jedenfalls. Wenn man ihn gefragt hätte: „Wie kann ein Mensch bewusst mit dem Heiligen Geist leben?", hätte er gesagt: „Bete!" Sein Leben war dem Gebet gewidmet. Er betete regelmäßig und unablässig und drängte uns, es genauso zu machen (1. Thessalonicher 5,16–18). „Betet immer und in jeder Situation mit der Kraft des Heiligen Geistes" (Epheser 6,18), schrieb er.

Im Juni 2018 trafen zwölf Jungen eine Entscheidung, die sie beinahe das Leben gekostet hätte. Sie stiegen in die Tham-Luang-Höhle in Thailand hinab. Eigentlich wollten sie sie nur eine Stunde lang erforschen und mit tollen Erinnerungen wieder herauskommen und nach Hause fahren. Mehr war es nicht.

Doch niemand hatte mit dem Wasser gerechnet.

Plötzlich aufkommende Regenfälle überfluteten die Zugänge und die Gruppe war in der Höhle gefangen. Sie hatten nichts zu essen und kein Licht, saßen in völliger Dunkelheit und konnten nicht mit der Außenwelt kommunizieren. Die Höhle war tief und sie saßen hoffnungslos darin fest.

Die Jungs konnten das nicht wissen, aber auf der ganzen Welt beteten Menschen für sie. Wir wussten nicht, wie wir beten sollten, aber wir beteten trotzdem. Und Gott hörte unsere Gebete. Ein internationales Netzwerk von Fachleuten entwickelte einen Rettungsplan. Mehr als eintausend Menschen aus mehr als zehn Ländern waren daran beteiligt – Taucher, Rettungskräfte, Soldaten, Hubschrauberpiloten, Krankenwagenfahrer – sowie Taucherflaschen, Suchhunde, Drohnen und Roboter. Eine ganze Welt voller Fachwissen und Können kam für sie zum Einsatz.

Es dauerte neun Tage, aber schließlich fanden die Taucher die Jungen zusammengekauert auf einem Lehmvorsprung. Der Rettungstaucher nahm seine Maske ab und erklärte den Jungen: „Ich bin nur der Erste. Es kommen noch mehr."[2]

Kannst du dir vorstellen, wie sie sich gefühlt haben, als sie diese Worte hörten? Wenn ja, dann kannst du dir auch vorstellen, wie der Heilige Geist möchte, dass du dich fühlst, wenn er zu dir sagt: „Was du nicht in Worte fassen kannst, werde ich sagen. Verzweifle nicht. Deine Gebete werden im Himmel gehört."

Du steckst vielleicht nicht mehrere Kilometer vom Höhleneingang entfernt fest, aber dafür steckst du vielleicht an einem finsteren Ort fest, ohne erkennbaren Ausweg. Falls das der Fall ist, habe ich eine gute Nachricht für dich: Wenn wir schwach sind, setzt der dreieinige Gott alles in Bewegung, um etwas Gutes für uns zu bewirken. Wir wissen nicht, wie wir beten sollen. Das ist in Ordnung. Der Heilige Geist weiß Bescheid. Und er betet für dich.

Kapitel 5

Die Rettung ist gewiss

Der Heilige Geist als Siegel

Ich bin überzeugt: Nichts kann uns von seiner Liebe trennen. Weder Tod noch Leben, weder Engel noch Mächte, weder unsere Ängste in der Gegenwart noch unsere Sorgen um die Zukunft, ja nicht einmal die Mächte der Hölle können uns von der Liebe Gottes trennen. Und wären wir hoch über dem Himmel oder befänden uns in den tiefsten Tiefen des Ozeans, nichts und niemand in der ganzen Schöpfung kann uns von der Liebe Gottes trennen, die in Christus Jesus, unserem Herrn, erschienen ist.
Römer 8,38–39

„Und es ist der Wille Gottes, dass ich von allen, die er mir gegeben hat, auch nicht einen verliere ...“
Johannes 6,39

Vielleicht kannst du die folgende schöne Kindheitserinnerung nachvollziehen. Meine Eltern und meine Großeltern hatten vereinbart, dass ich eine Woche bei meiner Großmutter und meinem Großvater verbringen sollte. Ich war damals höchstens zehn Jahre alt, nur ein kleiner Junge. Ihr Plan sah vor, dass Mama und Papa mich zum Busbahnhof fahren, mir eine Fahrkarte kaufen und mich zur dreistündigen Fahrt in den Bus setzen würden. Meine Großeltern würden dann zu dem Busbahnhof fahren, der ihrem Wohnort am nächsten war, dort auf mich warten und mich mit zu sich nach Hause nehmen. Und meine Aufgabe bestand darin – das hatte meine Mutter mir immer wieder eingeschärft –, mich auf meinen Platz zu setzen und an keiner anderen Haltestelle auszusteigen, es sei denn, wenn ich für kleine Königstiger musste. „Erledige dein Geschäft, sprich mit niemandem, und steig wieder in den Bus." Meine Mutter sagte dies nicht nur ein Mal, sondern Dutzende Male zu mir.

Natürlich war ihre Sorge nicht unbegründet. So eine lange Reise ist für Kinder nicht ungefährlich. Sie gehen verloren. Werden entführt. Werden ungehorsam und rebellisch. Trotz all dieser Gefahren brachten meine Eltern mich zum Busbahnhof.

Als ich in den Bus steigen wollte, tat mein Vater etwas sehr Erfreuliches und zugleich Beruhigendes: Er steckte ein bisschen Geld und einen Zettel mit einer Notiz darauf in die Brusttasche meines Hemdes. „Kauf dir was Süßes." Er umarmte mich. Mama gab mir einen Kuss. Und schon war ich unterwegs.

Ich hielt mich an die Anweisungen, blieb brav sitzen und sah zu, wie die Baumwollfelder von Westtexas an mir vorüberrauschten. Wir hielten in aufstrebenden Städten wie Seminole, Slaton und Idalou, aber ich stieg nicht aus. Erst als ich meine Großmutter entdeckte, stieg ich aus dem Bus. Die Fahrt war reibungslos verlaufen.

Der einzige Grund, weshalb sie überhaupt erwähnenswert ist, ist der Zettel, den mein Vater mir in die Brusttasche gesteckt hatte. Schon nach den ersten Kilometern holte ich die Notiz und das Geld heraus. „Dieser Junge gehört zu Jack und Thelma Lucado", stand darauf. Auf dem Zettel standen unsere Adresse und die Telefonnummer geschrieben. Für den unwahrscheinlichen Fall, dass ich mal aus dem Bus aussteigen und dieser ohne mich weiterfahren sollte, würde diese Nachricht mich wieder zu meiner Familie zurückführen, so hoffte er.

Und ich freue mich sehr, dir Folgendes zu sagen: Das Gleiche hat Gott für dich getan. Schau mal in die Brusttasche deines Geistes, dann wirst du es sehen. Er hat ganz offen Anspruch auf dich erhoben: „Dieses Kind gehört zu mir." Du und ich, wir beide brauchen diesen Schutz. So eine lange Lebensreise ist nicht ungefährlich. Seine Kinder gehen verloren. Werden vom Teufel verführt. Werden ungehorsam und rebellisch. Doch Gott will, dass Satan und seine Lakaien wissen: „Der gehört zu mir. Die ist meine Tochter. Pfoten weg!"

Wem vertraut der dreieinige Gott deinen Schutz an? Er hat dich „mit dem Siegel seines Heiligen Geistes, den er vor langer Zeit zugesagt hat, als sein Eigentum bestätigt" (Epheser 1,13). Im selben Brief ermahnt Paulus uns an anderer Stelle: „Tut nichts, was den Heiligen Geist traurig macht. Als Gott ihn euch schenkte, hat er euch sein Siegel aufgedrückt. Er ist doch euer Bürge dafür, dass der Tag der Erlösung kommt" (Epheser 4,30; Hfa). An beiden Stellen verwendet der Apostel die Vergangenheitsform. Dadurch will er betonen, dass diese Handlung abgeschlossen ist. Wir werden nicht irgendwann versiegelt, und wir hoffen auch nicht, einmal versiegelt zu werden. Gott hat uns ein für alle Mal erlöst und das Siegel seines Heiligen Geistes aufgedrückt.[1]

Versiegeln. Das Verb hast du sicher schon einmal gehört. Du drehst den Schraubverschluss eines Glases zu, um die frische Marmelade zu versiegeln. Du leckst einen Briefumschlag ab, um den Brief zu versiegeln. Du lässt den Vertrag notariell beglaubigen, um eine Transaktion zu besiegeln. Versiegeln bestätigt Besitztum und sichert den Inhalt. Versiegeln besagt: „Das gehört mir und es ist geschützt."

Als du dein Leben Christus anvertraut hast, hat Gott dich mit dem Heiligen Geist versiegelt. Er hat dich gewissermaßen eingehüllt und damit versiegelt, um dich sicher zu verwahren. Satan wird vielleicht versuchen, dich von deiner Entscheidung für Gott abzubringen, dich zu entmutigen und eine Zeit lang zu beeinflussen. Aber er kann dich nicht haben. „Als Gott ihn [den Geist] euch schenkte, hat er euch sein Siegel aufgedrückt. Er ist doch euer Bürge dafür, dass der Tag der Erlösung kommt" (Epheser 4,30; Hfa).

Wenn es um die göttliche Prägung geht, genießen Jesus und du den gleichen Status. Denn „auf ihm ist das Siegel Gottes des Vaters" (Johannes 6,27; LU). Das griechische Wort, das verwendet wurde, um das Siegel auf Jesus zu bezeichnen, ist das Gleiche wie das, was verwendet wurde, um das Siegel auf den Glaubenden zu beschreiben.[2] Fürchtete Jesus sich davor, von seinem Vater abgelehnt zu werden? Nein, überhaupt nicht. Solltest du dich also davor fürchten? Nein!

Gott hat dir nämlich nicht nur sein Siegel aufgedrückt, *du wurdest auch adoptiert.*

> *Denn alle, die vom Geist Gottes bestimmt werden, sind Kinder Gottes. Deshalb verhaltet euch nicht wie ängstliche Sklaven. Wir sind doch Kinder Gottes geworden und dürfen ihn „Abba, Vater" rufen. Denn der Geist Gottes selbst bestätigt uns tief im Herzen, dass wir Gottes Kinder sind. Und als seine Kinder sind wir auch Miterben an seinem Reichtum* (Römer 8,14–17).

Du bist kein Sklave. Ein Sklave lebt in der Angst, dass sein Herr mit seiner Arbeit nicht zufrieden ist, dass sein Herr nicht für ihn sorgen wird. Und was könnte den Herrn davon abhalten, den Sklaven jederzeit zu verkaufen?

Die Vater-Kind-Beziehung ist hingegen eine Beziehung, die von Vertrauen und Sicherheit geprägt ist.

Im Alten Testament wird Gott nur fünfzehn Mal als Vater beschrieben. Im Neuen Testament wird er mehr als zweihundert Mal unser „Vater" genannt – und dabei ist das Neue Testament viel kürzer als das Alte Testament. Was ist also zwischen dem Alten und dem Neuen Testament passiert?[3]

Jesus Christus ist passiert. Mit seinem Tod am Kreuz hat er endgültig für unsere Sünden bezahlt. „So fern der Osten vom Westen ist, hat er unsere Verfehlungen von uns entfernt" (Psalm 103,12). Wie weit ist der Osten vom Westen entfernt? Mit jedem Augenblick weiter. Wenn du nach Westen reist, wirst du nie nach Osten gehen. Und wenn du nach Osten reist, wirst du nie nach Westen gehen. Bei den übrigen beiden Himmelsrichtungen ist das nicht so. Wenn du nach Norden oder Süden reist, wirst du irgendwann den Nord- beziehungsweise den Südpol erreichen und dann wieder in die andere Himmelsrichtung gehen. Aber im Osten oder Westen gibt es keine solchen Wendepunkte.

Und auch bei Gott gibt es die nicht. Seine Vergebung ist unwiderruflich.

„Er wird ... alle unsere Sünden zertreten und alle unsere Verfehlungen ins tiefe Meer werfen!" (Micha 7,19). Gott wirft unsere Sünden in den tiefsten Ozean. Er häuft sie nicht in einem Raum auf oder kehrt sie unter den Teppich; er katapultiert sie in den Himmel und lässt sie dann ins Wasser plumpsen und in den tiefsten Tiefen versinken, sodass sie nie wieder hervorgeholt und gegen uns verwendet werden können. Er ist ein für alle Mal damit fertig. Deine Sünden sind im Meer versunken, sie befinden sich auf einem Zug gen Osten, während du dem Sonnenuntergang im Westen entgegenfliegst.

Halte diese Tatsache in großen Lettern fest: Wenn Gott dich ansieht, sieht er deine Sünden nicht. Gott löscht deine Übertretungen und denkt nicht mehr an deine Sünden (Jesaja 43,25). Es gibt auch keine Bewährungsfristen. Keine Ausnahmen. Keine Widerrufung. Gott wird seine Meinung über dich nie ändern.

Halte diese Tatsache in großen Lettern fest: Wenn Gott dich ansieht, sieht er deine Sünden nicht.

Er hat dich adoptiert. Dieser Gedanke ist in jeder Hinsicht erstaunlich. Aber für die Leser von Paulus' Briefen hatte er noch eine weitere besondere Bedeutungsebene. Nach römischem Gesetz galt nämlich für einen Adoptivsohn:

- Die Beziehung zu seiner Ursprungsfamilie war damit ein für alle Mal beendet. Stattdessen erhielt er alle Rechte und Privilegien eines Mitglieds der neuen Familie.
- Er wurde zum Erben seines neuen Vaters.
- Alle früheren Schulden wurden ihm erlassen.
- Und vor dem Gesetz war er nun der Sohn seines neuen Vaters.[4]

Das hat Christus für uns möglich gemacht. Wir gehören zu Gott und niemand kann uns das streitig machen. Es ist, als wäre unsere Vergangenheit nie passiert. Mit unserer alten Identität haben wir nicht länger etwas zu tun. Und es ist die Aufgabe des Heiligen Geistes, uns von dieser Veränderung zu überzeugen. Er „bestätigt uns tief im Herzen, dass wir Gottes Kinder sind" (Römer 8,16).

Ihr könnt selbst nachprüfen, dass ihr euer Erbe angetreten habt, denn Gott hat den Geist seines Sohnes in unsere Herzen gegeben, der uns Gott auf unfassbare Weise anbeten lässt: „Abba, Papa!" Daher seid ihr nicht mehr Sklaven, ihr steht auch nicht mehr unter irgendeiner Vormundschaft, sondern seid Tochter oder Sohn Gottes. Damit aber steht euch auch das gesamte Erbe zu, das Gott uns versprochen hat (Galater 4,6–7; WD).

Normalerweise würden Menschen nicht so mit Gott reden und umgehen. Menschen, die Gott noch nicht kennen, verwenden beim Beten im Gottesdienst vielleicht die Anrede „Vater unser im Himmel", aber sie meinen das nicht wirklich. Sie vertrauen ihm nicht wirklich, lieben ihn nicht wirklich und suchen nicht wirklich seine Nähe. Wenn der Heilige Geist nicht in uns wirkt, ist Gott für uns nur eine Gottheit, der wir aus dem Weg gehen, die wir friedlich stimmen wollen oder vor der wir sogar flüchten. Uns graut vor Gott. Wenn wir uns im Gebet an ihn wenden, dann weil wir uns verpflichtet fühlen oder Angst vor ihm haben, aber nicht aus Liebe.

Aber wenn wir sein Rettungsangebot annehmen und ihm unser Leben anvertrauen, vollzieht sich eine übernatürliche Veränderung in uns. In uns wächst eine Zuneigung zu Gott. Wir wenden uns ihm zu. Wir vertrauen ihm. Wir fangen an zu begreifen, dass er der vollkommene Vater ist. Und das können wir, „weil er uns den Heiligen Geist geschenkt hat, der unsere Herzen mit seiner Liebe erfüllt" (Römer 5,5).

Der Heilige Geist überzeugt deine Seele von der folgenden Wahrheit: Dein Schicksal liegt in den Händen eines liebenden Vaters. Dein Name ist nicht nur mit Bleistift in Gottes Buch geschrieben. Er hält nicht den Radiergummi bereit und wartet nur darauf, dass du ihm einen Grund gibst, ihn wieder auszuradieren. Er ist kein grausamer Herr, der Perfektion verlangt und dich für Versagen und Ungehorsam bestraft. Er ist ein guter Vater, der deinen Namen mit dem Blut des Lammes in das Buch des Lebens eingetragen hat. Und der Geist Gottes fordert dich auf, ihm zuzuhören, wenn er deiner Seele bestätigt, dass du ein Kind Gottes bist. Du wurdest in seine Familie aufgenommen. „Gott selbst hat unser und euer Leben auf ein festes Fundament gestellt, auf Christus, und uns mit seinem Geist erfüllt. So drückte er uns sein Siegel auf, wir sind sein Eigentum geworden. Das Geschenk des Geistes in unseren Herzen ist Gottes sicheres Pfand für das, was er uns noch schenken wird" (2. Korinther 1,21–22; Hfa).

Vor einiger Zeit beschrieb eine gute Freundin den Tag, an dem sie zum Glauben gekommen war, als den besten Tag ihres Lebens. Und dann fügte sie hinzu, dass der nächste Tag der schlimmste Tag ihres Lebens gewesen sei. Ich fragte sie nach dem Grund.

Sie erklärte mir: „Ich wachte mit dem Gedanken auf: Was ist, wenn ich es vermassele?"

Kannst du ihre Aussage nachempfinden? Hast du vielleicht auch Angst, dass dein Glaube nicht genug sein könnte?

Robert Harkness war ein sehr begabter australischer Pianist, der in seinen Zwanzigern mit dem Evangelisten R. A. Torrey um die Welt reiste. Eines Abends, es war bei einer evangelistischen Veranstaltung in Kanada, traf Harkness einen jungen Mann, der vor Kurzem zum Glauben gekommen war und Angst hatte, dass er seine Errettung wieder verlieren würde. Harkness wünschte diesem jungen Mann und anderen, die genauso dachten, die Gewissheit, dass Gott sie bewahren würde und dass er sein Werk immer zu Ende führt.

Warum ist diese Gewissheit so wichtig? Warum ist das

Dein Name ist nicht nur mit Bleistift in Gottes Buch geschrieben. Er hält nicht den Radiergummi bereit und wartet nur darauf, dass du ihm einen Grund gibst, ihn wieder auszuradieren. Er ist kein grausamer Herr, der Perfektion verlangt und dich für Versagen und Ungehorsam bestraft. Er ist ein guter Vater, der deinen Namen mit dem Blut des Lammes in das Buch des Lebens eingetragen hat.

von Bedeutung? Warum musst du wissen, dass du von deinem himmlischen Vater adoptiert und mit dem Heiligen Geist versiegelt wurdest? Ganz einfach: In dieser Gewissheit liegt Kraft.

Eine Studentin, die gerade das College abgeschlossen hatte, bat mich einmal, dafür zu beten, dass sie zum Jurastudium zugelassen würde. Sie hatte alle nötigen Formulare ausgefüllt und Anträge abgegeben und wartete und wartete. Jedes Mal, wenn wir miteinander sprachen, schien ihre Besorgnis gewachsen zu sein. *Was ist, wenn ich keinen Studienplatz bekomme? Was soll ich nächstes Semester machen? Habe ich mich für den falschen Beruf entschieden?*

Sie war zutiefst beunruhigt darüber, dass sie nicht wusste, was die Zukunft bringen würde.

Aber dann traf das Zulassungsschreiben ein. „Wir freuen uns, Ihnen mitteilen zu können ..."

Sie rief mich an, um mir die gute Nachricht mitzuteilen. Ihre Stimme war kräftig und ihre ganze Haltung optimistisch. Sie wurde sofort aktiv und begann mit den Planungen. Sie begab sich auf Wohnungssuche, überarbeitete ihren Studienplan, kaufte ein paar neue Sachen. Warum änderte sich ihre Haltung so schlagartig? Weil sie wusste, was als Nächstes kam. Ihre Zukunft war gesichert.

Der Heilige Geist schenkt uns eine viel bedeutendere Gewissheit. Sein „Zulassungsschreiben" gibt uns keinen Zugang zur Uni, sondern zum Himmel.

> *Und wir können dem Tag des Gerichts mit Zuversicht entgegensehen, denn wir leben in dieser Welt in derselben Gemeinschaft mit Gott wie Christus. Und unsere Liebe kennt keine Angst, weil die vollkommene Liebe alle Angst ver-*

treibt. Wer noch Angst hat, rechnet mit Strafe, und das zeigt, dass seine Liebe in uns noch nicht vollkommen ist. Wir wollen lieben, weil er uns zuerst geliebt hat (1. Johannes 4,17–19).

Hast du dich zwar für ein Leben mit Gott entschieden, aber immer noch Angst vor dem Gericht? Dann mach dir bewusst, dass Gottes Liebe zu dir vollkommen ist: Er kennt alle Fehler, die du in der Vergangenheit begangen hast, er weiß, wo du in der Zukunft vom Weg abkommen wirst, und trotzdem schenkt er dir seine bedingungslose Liebe. Er ist fest entschlossen, dich sicher nach Hause zu bringen.

Nic Brown verstand, wie wichtig diese Gewissheit ist. Er war der erste Mensch in seinem Landkreis, der Corona bekam. Damals war er 38 Jahre alt und ein gesunder Vater zweier Töchter. Da er in einer ländlichen Gegend in Ohio lebt, weiß er bis heute beim besten Willen nicht, wo er sich angesteckt hatte.

Aber er *hatte* das Virus. Und die Krankheit schlug mit voller Wucht zu. Als sein Gesundheitszustand sich zunehmend verschlechterte, verlegte man ihn auf die Intensivstation der *Cleveland Clinic* und schloss ihn an lebenserhaltende Geräte an. Sein Zustand verschlimmerte sich so sehr, dass das Krankenhaus mit seiner Frau darüber sprach, die Geräte eventuell abzuschalten. Das medizinische Personal überwachte die Behandlung und legte tägliche Ziele fest, die sie auf die Glastür seines Zimmers schrieben. Am Ende dieser Notizen fügten sie eine entschlossene Botschaft hinzu: „Wir bringen dich wieder nach Hause."

Stück für Stück fing Nics Körper an, das Virus zu bekämpfen. Seine Genesung verlief in kleinen Schritten, aber er erlangte seine Gesundheit vollständig zurück. Schließlich konnte Nic zu seiner Frau und den Töchtern heimkehren. Das medizinische Personal hatte sein Versprechen gehalten.[5]

Auch der Heilige Geist wird sein Versprechen halten. Wir tragen sein Siegel. Er wird uns nach Hause bringen.

Kapitel 6

Ruhe im Chaos

Der Heilige Geist als Taube

Ich lasse euch ein Geschenk zurück – meinen Frieden. Und der Friede, den ich schenke, ist nicht wie der Friede, den die Welt gibt. Deshalb sorgt euch nicht und habt keine Angst.
Johannes 14,27

Das norwegische Spitzbergen ist der sicherste Ort auf der Welt. Zumindest vertraut der Welttreuhandfonds für Kulturpflanzenvielfalt darauf. Dieser steht hinter dem Projekt des weltweiten Saatgut-Tresors, eines Hochsicherheits- und Tiefkühl-Aufbewahrungsortes für die Lagerung einer Mindestanzahl von Saatkörnern der zur Ernährung wichtigen Lebensmittel; insgesamt sollen es bis zu 4,5 Millionen Samenproben sein.

Aber auch wenn Spitzbergen nicht wirklich der sicherste Ort der Welt ist, so ist es auf jeden Fall einer der kältesten und am nördlichsten gelegenen Orte. Die Temperaturen bewegen sich fast immer unter null Grad. Es gibt dort mehr Eisbären als Menschen. Durch die eisigen Temperaturen und die dünne Besiedelung eignet sich dieser Ort besonders dafür, die weltweite Landwirtschaft vor einer Katastrophe zu bewahren. Die unterirdischen Betonbunker können Überschwemmungen,

Brände und Atomangriffe überstehen. Im Falle einer globalen Erwärmung oder einer weltweiten Seuche ist das Saatgut dort sicher.

Doch die meisten von uns können sich nicht in einem Bunker verstecken, auch wenn wir das angesichts von drohenden Katastrophen nur zu gern tun würden. Wenn die Erdtemperatur noch ein paar Grad weiter ansteigt ... wenn geheime Informationen in die falschen Hände geraten ... wenn der falsche Mensch auf den roten Knopf drückt ... Das alles reicht aus, um uns dazu zu bringen, einen Flug nach Svalbard zu buchen.[1]

Und als wären die weltweiten Bedrohungen nicht genug, erleben wir auch noch persönliche Katastrophen: Die Blutwerte sind schlecht, der Kontostand noch schlechter. Die Ehe geht den Bach runter. Die Arbeit wächst uns über den Kopf. Der Stress wird unerträglich. Wir können nicht mehr schlafen, nicht mehr essen. Wir haben nicht die Kraft, diesen inneren Sturm zu stillen.

Und was passiert? Wir machen uns Sorgen. Dieses Gefühl ist jedoch nicht unbedingt ein Zeichen von Schwäche, Unreife oder mangelndem Glauben. Es ist ganz einfach die Folge davon, dass wir in einer sich ständig verändernden, herausfordernden Welt leben. Sorgen sind kein Zeichen von Schwachheit. Aber Sorgen machen uns schwach. Sie rauben uns den Schlaf. Wir können nicht mehr klar denken. Sie erfüllen unser Herz mit Furcht. Aber es gibt Kraft von oben und dir steht das beste Mittel gegen Angst zur Verfügung: der Heilige Geist. Er ist die Ruhe spendende Kraft Gottes in unserer Welt. Er hilft dir, die Stimme der Angst zum Schweigen zu bringen, und geleitet dich in Gottes Frieden schenkende Gegenwart.

Das Erste, was er in der Geschichte dieser Welt tat, bestand darin, Ordnung in das Chaos zu bringen. „Die Erde aber war wüst und öde, finster war es über den Wassern. Und der Geist Gottes schwebte über der Wasserfläche“ (1. Mose 1,2).

Die älteste Darstellung unseres Planeten ist also nicht gerade einladend. In meiner Fantasie sehe ich Bilder von brodelnder Lava, einschlagenden Kometen, sich auftürmenden Wellen und finsteren Erdspalten. Es gab kein Leben, kein Licht und keine angenehmen Geräusche – nur Durcheinander, Abgründe und brodelndes Chaos.

Und in diesem Augenblick des Ur-Chaos’ tritt zum ersten Mal der Heilige Geist auf: „Und der Geist Gottes schwebte über der Wasserfläche.“

Man hätte angesichts der Situation vielleicht ein anderes Verb erwartet. Der Geist Gottes *herrschte, befahl, lenkte* oder *verfügte*. Und doch besteht die allererste Aktivität des Heiligen Geistes darin, dass er über dieser aufgewühlten Welt schwebte. Dieses Wort kommt in der Bibel nur selten vor. Bei einer der wenigen anderen Gelegenheiten wird es ebenfalls im Zusammenhang mit Chaos verwendet: Als in der Bibel Gottes Beziehung zu Israel beschrieben wird, heißt es ebenfalls, er schwebte beschützend wie ein Adler über dem Volk.

> *„Wie ein Adler, der seinen Jungen das Fliegen beibringt, über ihnen schwebt und sie auffängt, seine Schwingen ausbreitet und sie auf seinen Flügeln in die Höhe trägt …“* (5. Mose 32,11).

Kannst du dir schreiende Adlerjungen vorstellen, die mit weit geöffneten Schnäbeln im Nest sitzen und die Köpfe recken? Das Nest wimmelt gewissermaßen vor Energie, Unerfahrenheit und Unfähigkeit. Aber da schwebt der Muttervogel heran. Ihre Gegenwart beruhigt ihre Jungen. Die Beute, die sie bringt, ernährt ihre Jungen. Ihre Aufgabe ist ganz simpel: das Chaos beseitigen.

In ähnlicher Weise schwebte der Geist Gottes über dem Wasser. Und als sich alles beruhigt hatte, konnte die Schöpfung ihren Anfang nehmen.

Die Erde aber war wüst und öde, finster war es über den Wassern. Und der Geist Gottes schwebte über der Wasserfläche. ***Da*** *sprach Gott: „Es soll Licht entstehen!", und es entstand Licht* (1. Mose 1,2–3; Hervorhebung des Autors).

Bevor Gott die Welt erschuf, brachte der Geist Gottes Ruhe.

Das Alte Testament beginnt mit einer Beschreibung des Heiligen Geistes als einer schwebenden, Ruhe schenkenden Gegenwart. Vor diesem Hintergrund ist es sehr passend, dass wir am Anfang des Neuen Testamentes eine Geschichte lesen, in der der Heilige Geist als sanfte Taube beschrieben wird.

Um diese Zeit kam Jesus aus Galiläa an den Jordan, um sich von Johannes taufen zu lassen. Doch Johannes weigerte sich. „Eigentlich müsste ich mich von dir taufen lassen", sagte er, „warum kommst du zu mir?" Jesus erwiderte: „Es muss sein. Wir müssen alles so halten, wie es von Gott aus sein soll." Da taufte ihn Johannes. Als Jesus gerade aus dem Wasser stieg, öffnete sich der Himmel, und er sah den Geist Gottes wie eine Taube herabschweben und sich auf ihm niederlassen (Matthäus 3,13–16).

Johannes der Täufer gab sich größte Mühe, Jesus die Taufe auszureden, und wollte ihre Rollen umkehren. Aber Jesus ließ das nicht zu. Und so wateten die beiden Männer in das kobaltblaue Wasser, Schlamm zwischen ihren Zehen, und lächelten die Menschenmenge an, die am Flussufer stand. Johannes machte

Jesus so richtig nass, und als Jesus aus dem Wasser stieg, öffnete sich der Himmel, und der Heilige Geist kam wie eine Taube auf ihn herunter.

In allen vier Evangelien wird von diesem Augenblick berichtet (Markus 1,10; Lukas 3,22; Johannes 1,32). Lukas geht in seinem Evangelium sogar so weit zu sagen, dass der Heilige Geist nicht *wie eine Taube* herabkam, sondern *als Taube:* „... und der Heilige Geist kam in Gestalt einer Taube auf ihn herab" (Lukas 3,22). Der Heilige Geist wird in der Bibel auf vielerlei Weise beschrieben: als Feuer, als Wind, als Öl in einer Lampe und als Strom, der das Wasser des Lebens führt. Aber hier, bei der Krönung des Christus, beschloss der Heilige Geist, sanft, behutsam und freundlich wie eine Taube vom Himmel herabzukommen.

Wäre ein Falke nicht treffender gewesen? Jederzeit bereit, sich auf Satan, diese Ratte, zu stürzen. Oder als Eule, dem Symbol der Weisheit. Vielleicht auch als Lerche, die die Welt mit ihrem Gesang erfüllt. Aber nein, der Geist kam wie eine Taube. Warum wohl?

Vielleicht liefert uns die mütterliche Zärtlichkeit des Heiligen Geistes einen Teil der Antwort. Zu Zeiten der Bibel war die Taube ein weibliches Symbol und das hebräische Wort für *Geist* ist ebenfalls weiblich.[2] „Tauben werden allgemein als Symbol der Mutterschaft gesehen, wegen ihrer einzigartigen Fähigkeit, ihre eigene Milch zu produzieren. ... Unmittelbar bevor ihre Kleinen schlüpfen, hören sie auf, nach Futter zu suchen. Dieses vorübergehende Hungern sorgt dafür, dass reinere Milch für ihre Jungen zur Verfügung steht."[3]

Wie eine Mutter umsorgt uns der Heilige Geist liebevoll.

Ich habe immer gemerkt, wenn meine Töchter besorgt nach Hause kamen. Ihre erste Frage lautete dann: „Wo ist Mama?"

Ihre Reaktion auf ihre Sorgen war eine ganz andere als meine. Ich verfiel immer in den „Lösungsmodus“: Ich lieferte Strategien und Lösungsvorschläge. Denalyn reagierte dagegen mit Wärme und Mitgefühl. Sie hörte zu. Sie nahm ihre Tochter in den Arm. Sie ließ sie so lange wie nötig von ihren Sorgen erzählen. Sie war verständnisvoll.

Bei manchen Gelegenheiten brauchen wir die Stärke eines Vaters, und die gibt uns Gott, unser Vater. Bei manchen Gelegenheiten brauchen wir die Freundschaft eines Bruders, und die schenkt uns Jesus, unser geistlicher Bruder. Aber oft sind wir innerlich ganz unruhig und besorgt. Wir sehnen uns nach der beruhigenden Sicherheit, die eine liebende Mutter gibt. Und deshalb wenden wir uns an den Heiligen Geist.

Gottes Heilige „Taube“ besänftigt die laute, stürmische, aufgeregte und nachtragende Stimmung im menschlichen Herzen. „Wenn dagegen der Heilige Geist unser Leben beherrscht, wird er ganz andere Frucht in uns wachsen lassen: ... Freundlichkeit ... Sanftmut ...“ (Galater 5,22).

Könntest du eine Portion davon vertragen? 2018 hat eine Studie der Amerikanischen Gesellschaft für Psychiatrie ergeben, dass 51 Prozent der Amerikaner sich selbst als „besorgt“ bezeichneten und der „Zeiger“ damit zum ersten Mal in Richtung Sorge ausschlug.[4]

Satan geht mit der Angst hausieren. Ich bin überzeugt, dass er eine Schule leitet, die sich nur einem Thema verschrieben hat: der Sprache der Angst. Irgendwo in den Tiefen der Hölle werden Dämonen in zahlreichen Klassenzimmern darin unterrichtet, den Dialekt von Furcht und Zweifel zu beherrschen. Wenn du beim dortigen Unterricht zuhören könntest (was ich nicht empfehle), könntest du sehen, wie der Professor für Fortgeschrittene Panik im Klassenzimmer auf und ab geht und die gehobene Kunst der Angstmacherei vorführt. Seinen skelettartigen Zeigefinger erhoben, spricht er mit knurrender Stimme: „Ihr müsst in den Köpfen dieser Gotteskinder die Saat der Bedrängnis säen.

Übertreibt, bauscht auf und verstärkt die Dinge“, sagt er. „Weckt sie mitten in der Nacht auf. Oder besser noch: Haltet sie wach, damit sie nicht zur Ruhe kommen. Sorgt dafür, dass sie immer vom Schlimmsten ausgehen. Drängt sie dazu, sich eine Welt auszumalen, in der es keinen Ausweg, keine Lösung und keine Hoffnung mehr gibt.“

Wenn du diesem Unterricht lauschen würdest (wie gesagt, ich empfehle das nicht), dann würdest du hören, wie seine miesen Schergen diese beklemmenden Aussagen immer wieder aufsagen:

Niemand wird mir helfen!

Es ist alles zu spät!

Alle sind gegen mich!

Das werde ich niemals überstehen!

Und wenn die Dämonen diese Schule abgeschlossen haben, haben sie nur eine einzige Aufgabe: Glauben tötendes, Nägel kauendes, Schlaf raubendes Unbehagen zu schüren.

Flüstern sie dir auch ihre Botschaften ins Ohr?

Unsere gestresste Gesellschaft hat viele Methoden für den Umgang mit Sorgen entwickelt. Atemübungen und Meditationstechniken stehen uns zur Verfügung. Es gibt Medikamente und Seminare. All diese Dinge haben ihre Berechtigung. Aber wenn der Heilige Geist in dir wohnt, steht dir das beste aller Mittel zur Verfügung. Wenn das nächste Mal eine Welle von Sorgen auf dich zurollt, dann wende dich doch einmal sofort anbetend an den Heiligen Geist.

Der Apostel Paulus schrieb:

Betrinkt euch nicht mit Wein; sonst ruiniert ihr damit euer Leben. Lasst euch stattdessen vom Heiligen Geist erfüllen. Singt miteinander Psalmen und Lobgesänge und geistliche Lieder, und in euren Herzen wird Musik sein zum Lob Gottes. Und dankt Gott, dem Vater, zu jeder Zeit für alles im Namen unseres Herrn Jesus Christus (Epheser 5,18–20).

Der Apostel stellt hier zwei unterschiedliche Strategien im Umgang mit dem inneren Chaos gegenüber: Trunkenheit und Feiern. Viele Menschen betäuben sich – wenn nicht mit Alkohol, dann mit Arbeit, Shopping oder Computerspielen. Jeder, der diese Methoden schon einmal ausprobiert hat, weiß, dass sie auf Dauer nicht funktionieren. Die Happy Hour in der Kneipe macht uns nicht glücklicher. Wir vergessen vielleicht einen Augenblick lang unsere Probleme, aber wenn wir die Kneipe verlassen, warten sie draußen schon auf uns.

Was die bessere Methode ist? Feiern. Erfülle dein Leben mit „Psalmen und Lobgesängen und geistlichen Liedern". Paulus verwendet hier eine Zeitform, die man auch mit „werdet ständig mit dem Heiligen Geist erfüllt" wiedergeben könnte.[5] Anbetung ist das reinigende Werkzeug, das den Abfall aus Sorgen und Ängsten beseitigt.

Wenn das nächste Mal eine Welle von Sorgen auf dich zurollt, dann wende dich doch mal sofort anbetend an den Heiligen Geist.

Paulus und Silas haben uns genau das vorgelebt. Ihre Feinde hatten sie vor den römischen Magistrat von Philippi gezerrt. Die Behörden befahlen, sie mit dem Stock zu schlagen, was gewöhnlich Hautrisse, Striemen und Prellungen verursachte und unter Umständen sogar Rippen brach. Anschließend warfen die Soldaten die beiden in den tiefsten

Anbetung
ist das reinigende Werkzeug,
das den Abfall
aus Sorgen und Ängsten
beseitigt.

Kerker des Gefängnisses, wo es feucht und kalt war und Ratten zu Hause waren. Um auf Nummer sicher zu gehen und sie noch mehr zu quälen, schloss man ihre Füße in den Block (Apostelgeschichte 16,24).

Dort lagen sie den ganzen Nachmittag und bis in die Nacht hinein, an einem fremden Ort, ohne einen Anwalt, mit offenen Wunden, die sich vielleicht entzünden würden, umgeben von Finsternis, zitternd vor Kälte, ohne sich bewegen zu können, Hunderte Kilometer von zu Hause entfernt. Und was taten sie in dieser Situation?

> *Gegen Mitternacht beteten Paulus und Silas und lobten Gott mit Liedern. Die übrigen Gefangenen hörten ihnen zu. Plötzlich gab es ein heftiges Erdbeben, und das Gefängnis wurde bis in die Grundmauern erschüttert. Alle Tore sprangen auf und die Ketten sämtlicher Häftlinge fielen ab!* (Apostelgeschichte 16,25–26).

Dieses mitternächtliche Lied hätte ich zu gern gehört. Sie sangen so laut und aus vollem Herzen, dass die anderen Gefangenen sie hören konnten.

Paulus und Silas wussten nicht, wie diese Geschichte ausgehen würde. Schließlich kannten sie Apostelgeschichte 16 nicht. Sie hatten keine Gewissheit, dass sie gerettet werden würden. Aber sie waren sich sicher, dass sie einen Retter hatten. Und die gleiche Gewissheit kannst auch du haben.

Wie wäre es, wenn auch du nicht in Panik verfällst, sondern die Entscheidung triffst, Gott anzubeten?

Der Teufel flüstert dir andauernd Lügen zu? Setz dich dagegen zur Wehr. Diese Stimmen, die dir dauernd Zweifel einreden wollen und dass du scheitern wirst? Bring sie zum Schweigen.

Du hast mehr Macht als Luzifer und seine Horden. Dein Vorbild ist Jesus Christus.

Was tat dieser, als ein Sturm über ihn hereinbrach? Er „bedrohte den Wind und befahl dem Wasser: ‚Schweig! Sei still!' Sogleich legte sich der Wind, und es herrschte tiefe Stille" (Markus 4,39).

Als ein Dämon von einem Mann in der Synagoge Besitz ergriff, wie reagierte Jesus da? „‚Schweig!', herrschte Jesus ihn an. ‚Verlass diesen Mann'" (Markus 1,25).

Mach es doch genauso. Der Heilige Geist gibt dir die Macht dazu; du musst sie nur einsetzen. Wenn ein Sturm der Angst über dich hereinbricht, dann erinnere ihn daran, zu wem du gehörst. Wenn der Teufel dich heimsucht, berufe dich auf Christus! Wehre dich gegen die Mächte der Hölle. „Denn Gott hat uns nicht einen Geist der Furcht gegeben, sondern einen Geist der Kraft, der Liebe und der Besonnenheit" (2. Timotheus 1,7).

Ich will dir zeigen, wie das aussehen könnte: Es ist Mitternacht. Du liegst schon seit zwei Stunden im Bett und versuchst einzuschlafen, aber es gelingt dir einfach nicht. Morgen hast du ein wichtiges Meeting – da musst du doch ausgeschlafen sein! Du probierst verschiedene Einschlaftechniken aus: langsam atmen, Schafe zählen, eine Predigt von Max Lucado hören, aber nichts funktioniert. Dein Gehirn will einfach nicht abschalten.

Schließlich fängst du an, dir das Schlimmste auszumalen: Du wirst deine Notizen vergessen. Du sprichst deinen Chef mit dem falschen Namen an. Deine Gedanken drehen sich im Kreis und ziehen dich immer weiter runter. Du schlägst aufs Kissen und dein Herz schlägt in deiner Brust. Dein altes Ich hätte vielleicht die ganze Nacht dagelegen und in die Dunkelheit gestarrt.

Aber dein neues Ich nimmt Gestalt an. Das Ich, das die Fülle des Heiligen Geistes empfangen hat. Ein Ich, das nicht versucht, Probleme allein zu lösen, sondern gleich anfängt anzubeten.

Und dann passiert Folgendes: Du stehst auf und suchst dir ein stilles Fleckchen, wo du die Bibel aufschlagen und beten kannst. Du liest Verse, die dir Gottes Frieden versprechen:

> *Als ich beim Herrn Hilfe suchte, erhörte er mich und befreite mich aus aller Angst. ... Ich war am Ende, da schrie ich zum Herrn, und er hörte mein Flehen; aus aller Bedrängnis hat er mich befreit. Der Engel des Herrn umgibt alle mit seinem Schutz, die Gott achten und ehren, und rettet sie aus der Gefahr* (Psalm 34,5.7–8; Hfa).

Dann lauschst du einem deiner Lieblingslieder oder singst mit. Vielleicht auch beides. Wenn ein Lied nicht genügt, sing noch ein paar weitere. Bete dann an. Lass dich dabei vom Heiligen Geist leiten, er wird dir die richtigen Worte schenken. Lege den morgigen Tag in die Hände deines liebenden Gottes. Und um ganz sicherzugehen, dass der Teufel weiß, dass er versagt hat, sagst du ihm auch noch, dass er dich gefälligst in Ruhe lassen soll. *Ich gehöre zu Jesus Christus, vielen Dank auch. Du musst verschwinden.*

Das muss er wirklich. Und das wird er auch.

Wirst du danach sofort einschlafen? Wahrscheinlich. Aber wenn nicht, dann mach einfach weiter.

Der Heilige Geist wird das für dich tun, was meine Tochter für ihren Sohn getan hat. Es war ein großer Tag für den kleinen Max – er bekam seinen ersten Haarschnitt. Alle waren schon ganz aufgeregt. Das heißt, alle außer Max. Mit seinen sechzehn Monaten war er auf diesen Augenblick noch nicht vorbereitet.

Es spielte keine Rolle, dass er in einem Mini-Feuerwehrauto sitzen durfte. Es half auch nicht, dass man ihm Süßigkeiten versprach. Selbst der Zeichentrickfilm im Fernsehen lenkte ihn nicht ab. Er sah nur eine ihm unbekannte Frau, die mit einer Schere auf ihn zukam.

Im selben Augenblick fing er an zu weinen. Sein Vater versuchte, ihn zu trösten. Seine Großmutter versuchte es ebenfalls. Ich erzählte ihm, eines Tages würde er sich wünschen, er hätte noch Haare, die man schneiden könnte. Nichts davon fruchtete. Aber dann kam Mama. Sie beugte sich hinunter und flüsterte ihm etwas ins Ohr, das wir anderen nicht hören konnten. Er war weiterhin unglücklich, aber er beruhigte sich so weit, dass die Prozedur weitergehen konnte.

Der Heilige Geist, das Mutterherz Gottes, wird dir Ruhe schenken. Das hat er ja schließlich auch für die gesamte Schöpfung getan. Er kam in Gestalt einer Taube vom Himmel herab. Hole tief Luft und entspann dich – der Geist Gottes ist da, er wird dir helfen.

Kapitel 7

Wie man Gott reden hört

Der Heilige Geist als Wolken- und Feuersäule

„Du aber hast sie in deiner großen Barmherzigkeit nicht in der Wüste verlassen. Die Wolkensäule wich nicht von ihnen, die sie am Tag auf dem Weg geleitete, noch die Feuersäule in der Nacht, die ihnen den Weg erleuchtete, auf dem sie gehen sollten. Du hast deinen guten Geist gesandt, um sie zu unterweisen, hast ihnen dein Brot vom Himmel nicht vorenthalten und ihnen weiter Wasser geschenkt, damit sie ihren Durst löschen konnten."
Nehemia 9,19–20

„Und ich werde euch meinen Geist geben, damit ihr nach meinem Gesetz lebt und meine Gebote bewahrt und euch danach richtet."
Hesekiel 36,27

Ein Freund von mir ist total vernarrt in *Spiel des Lebens*. Er liebt dieses Gesellschaftsspiel. Zu seinem Leidwesen hatte ich bis zu diesem Zeitpunkt noch nie etwas davon gehört. Woraufhin er mich mit diesem „Lebst du denn hinter dem Mond?"-Blick ansah und mir etwas beschrieb, das für ihn das perfekte Brettspiel ist.

Hier die Kurzfassung: Auf dem Spielbrett ist ein gewundener Weg abgebildet, der den Weg durchs Leben darstellt und aus lauter Kästchen besteht. Daneben gibt es Kärtchen, Autos, ein Glücksrad, einige Spielmarken, Männchen, ein paar Berge, Gebäude und ein oder zwei Brücken. Man dreht das Glücksrad und zieht entsprechend der dort angezeigten Ziffer auf dem Spielfeld weiter. Das Feld, auf dem man landet, verlangt dann eine Entscheidung. (Oder muss man durch die Angabe auf einer Karte ein Feld weiterrücken?) Auf jeden Fall muss man sich an einer Weggabelung entscheiden: Geschäftsleben oder Universität? Geld leihen oder etwas kaufen?

„Einen Burger oder Spaghetti essen“, meinte ich lachend.

Mein Freund fand das nicht witzig. „Es geht um die Entscheidungen, die wir treffen, und die sich daraus ergebenden Konsequenzen“, erklärte er mir. „Kauf es dir einfach und probiere es aus. Es ist von –“

„Du musst mir nicht sagen, von wem es ist“, unterbrach ich ihn. „Ich weiß, wer es erfunden hat.“

„Du weißt es?“

„Ja, ich habe erst heute Morgen mit ihm gesprochen.“

„Du hast mit dem Autor von ‚Spiel des Lebens‘ gesprochen?“

„Ja, ich habe mit ihm gesprochen, als ich gebetet habe.“

Mein Freund fand auch das nicht witzig. Aber ich hatte recht.

Es entspricht gewissermaßen Gottes Absichten für die Menschheit, dass ihr Leben aus einer Reihe von Entscheidungen besteht: Gehe ich weiter oder bleibe ich stehen? Halte ich an etwas fest oder lasse ich los? Binde ich den Sack zu oder nicht?

Kleine Entscheidungen. Große Entscheidungen. Überall müssen wir Entscheidungen fällen und diese Entscheidungen formen uns. Deshalb rauben sie uns auch die Kraft und machen uns ängstlich. Was ist, wenn ich die falsche Entscheidung treffe? Was ist, wenn ich nach Süden gehe, wo ich eigentlich nach Norden gehen sollte?

Was können wir tun? Wie können wir gute Entscheidungen treffen, wenn manche davon ausgesprochen weitreichende Konsequenzen haben? Die Zusagen der Bibel werden dich an dieser Stelle ermutigen, denn Gott verspricht uns dort, dass wir uns vom Heiligen Geist leiten lassen können: „Er zeigt mir den richtigen Weg um seines Namens willen" (Psalm 23,3).

Gott, unser guter Hirte, bringt uns nicht nur zu saftigen Wiesen, er führt uns auch. Er korrigiert uns nicht nur, er lenkt uns auch liebevoll. Er hilft uns dabei, auf dem richtigen Kurs zu bleiben. Er hat dem Heiligen Geist aufgetragen, uns auf den verschlungenen Wegen des Lebens zu führen.

Die Geschichte des Volkes Israel ist ein anschauliches Beispiel dafür, wie das aussehen kann.

Die Israeliten haben ihr gesamtes Leben innerhalb der Grenzen von Ägypten zugebracht. Und dann lässt der Pharao sie in einer rasanten Wendung der Ereignisse frei. Jahrhunderte der Sklaverei liegen hinter ihnen; eine neue Zukunft ist angebrochen. Das Rote Meer teilt sich und das verheißene Land lockt. Sie müssen es nur noch einnehmen. Aber diese Reise ist für sie etwas ganz Neues. Sie sind noch nie aus ihren Städten herausgekommen. Auf sich allein gestellt, haben sie keine Chance zu überleben. Und deshalb

> [zog] *der Herr selbst ... vor ihnen her: am Tag in einer Wolkensäule, um ihnen den Weg zu zeigen, und nachts in einer Feuersäule, um ihnen zu leuchten* (2. Mose 13,21).

> *Dann begaben sich der Engel Gottes und die Wolkensäule ... ans Ende des Zuges. So stand die Wolkensäule zwischen dem Heer der Israeliten und dem Heer der Ägypter. ... Deshalb konnte das ägyptische Heer die Israeliten nicht angreifen* (2. Mose 14,19–20).

Jedes Mal, wenn die Wolke sich vom Zelt Gottes erhob, brachen die Israeliten auf. Erhob die Wolke sich jedoch nicht, blieben auch sie, wo sie waren, bis die Wolke sich wieder erhob (2. Mose 40,36–37).

Kannst du dir vorstellen, was für ein Segen dieses göttliche GPS war? Jeden Tag zeigt Gott ihnen, wo sie hingehen sollen: Im Osten liegt ein Tal, im Westen eine Ebene, geradeaus befinden sich sanfte Hügel. Welches ist die richtige Richtung? Mose und die Anführer halten inne, bis die dichte Wolkensäule sich bewegt. Dann erst folgen sie ihr. Sie sind nicht länger gestresst, weil sie die richtige Entscheidung für alle treffen müssen, sondern brauchen immer nur mit einem Auge in den Himmel zu schauen.

Dass wir wissen, wer sich hinter dieser Wolken- bzw. Feuersäule verborgen hat, haben wir Jesaja zu verdanken:

Wo ist der, der ihm seinen Heiligen Geist ins Herz gab? Der Mose mit seinem mächtigen Arm zur Seite stand, der das Meer vor ihnen teilte, um sich damit ewigen Ruhm zu erwerben? Der sie über den Meeresboden geleitete wie Pferde durch die Steppe, sodass sie nicht strauchelten? Wie das Vieh, das ins Tal zieht, schenkte der Geist des Herrn ihnen Ruhe. So hast du, Herr, dein Volk geleitet, um deinen Namen groß zu machen (Jesaja 63,11–14).

Wer hat die ehemaligen Sklaven durchs Rote Meer und durch die Wüste geführt? Der Heilige Geist.

Wer führt Gottes Kinder auch heute noch? Der Heilige Geist! Uns steht genau die gleiche Unterstützung zur Verfügung wie damals den Israeliten, na ja, vielleicht außer der Sache mit dem Manna.

Jesus hat uns versichert: „Doch wenn der Geist der Wahrheit kommt, wird er euch in alle Wahrheit leiten" (Johannes 16,13).

Aber wie können wir lernen, ihm zu folgen? Warum nehmen wir ihn manchmal nicht wahr? Wie können wir uns vom Heiligen Geist leiten lassen?

Die Antwort finden wir im Römerbrief:

> *Deshalb orientiert euch nicht am Verhalten und an den Gewohnheiten dieser Welt, sondern lasst euch von Gott durch Veränderung eurer Denkweise in neue Menschen verwandeln.* ***Dann werdet ihr wissen, was Gott von euch will:*** *Es ist das, was gut ist und ihn freut und seinem Willen vollkommen entspricht* (Römer 12,2; Hervorhebung des Autors).

Gottes Wille für dich ist gut und vollkommen. Wenn du ihn erkennen willst, solltest du dich „nicht am Verhalten und an den Gewohnheiten dieser Welt" orientieren. Seine Stimme muss in deinem Leben die Stimmen der Gesellschaft übertönen. Gott möchte, dass wir anders sind. Nicht irgendwie schräg oder seltsam. Unser Ziel sollte es nicht sein, uns in unser Umfeld einzufügen, sondern aufzuschauen.

Eine ähnliche Anweisung gab Gott auch dem Volk Israel: „Schließt euch nicht der Mehrheit an, wenn sie Böses plant" (2. Mose 23,2).

Wenn er sich der Mehrheit anschließt, kann das einen Menschen in den Abgrund führen. Das können dir die türkischen Schafhirten bestätigen, die hilflos zusehen mussten, wie 1500 Schafe genau das taten. Aus einem unerfindlichen Grund sprang ein einzelnes Schaf den Steilhang hinunter. Dann folgte ein zweites, dann weitere, schließlich Dutzende. Chaos breitete sich aus. Die Hirten konnten nichts mehr tun. Fast 1500 Tiere sprangen den Abgrund hinunter und 450 davon starben.[1] Die anderen wären auch gestorben, wenn sie nicht auf denen gelandet wären, die zuerst gesprungen waren.

Diese Schafe haben nicht nachgedacht. Und falls sie es doch getan haben, haben sie sich wahrscheinlich gesagt: „Die Entscheidung derjenigen, die gesprungen sind, sieht zwar dumm aus, aber ein paar Hundert Schafe können sich doch nicht irren, oder?" Doch, können sie. Und das Gleiche gilt für Menschen. Orientiere dich deshalb nicht am Verhalten und an den Gepflogenheiten der Gesellschaft. Wenn du deine Aufmerksamkeit auf sie richtest, kannst du nicht wahrnehmen, wenn der Heilige Geist zu dir spricht. Du kannst nicht wie ein Adler durch die Luft segeln, wenn du dummen Schafen nachrennst.

Wenn du Gottes Stimme hören willst, sollte deine erste Frage nicht lauten: „Was soll ich tun?", sondern: „Auf wen werde ich hören? Wer hat die Autorität? Wer bestimmt in meinem Leben?" Wenn deine Antwort „die Menschen" lautet, wird es dir schwerfallen, Gottes Willen für dein Leben zu erkennen. Im schlimmsten Fall kommen dann noch Horoskope, Handlesen und Tarotkarten hinzu. Doch wenn du den Sternen folgst, folgst du nicht dem, der die Sterne erschaffen hat. „Denn alle, die vom Geist Gottes bestimmt werden, sind Kinder Gottes" (Römer 8,14).

Folge also nicht länger einer Kultur, die Gott nicht folgt, sondern:

Fang stattdessen an, auf den Heiligen Geist zu hören, der an Gottes Stelle spricht.

Während der Wüstenwanderung kam es zu einem wunderbaren Ereignis: Der Standort von Feuer- und Wolkensäule änderte sich. Gott hatte Mose angewiesen, die Stiftshütte zu

Orientiere dich nicht am Verhalten und an den Gepflogenheiten der Gesellschaft. Wenn du deine Aufmerksamkeit auf sie richtest, kannst du nicht wahrnehmen, wenn der Heilige Geist zu dir spricht. Du kannst nicht wie ein Adler durch die Luft segeln, wenn du dummen Schafen nachrennst.

bauen, in der er (Gott) wohnen wollte. Als das Projekt abgeschlossen war, kam die majestätische Wolke, die die ganze Zeit über ihnen geschwebt hatte, herab und zog in das Heiligtum. „Als Mose das Werk vollendet hatte, bedeckte die Wolke das Zelt Gottes und die Herrlichkeit des Herrn erfüllte es“ (2. Mose 40,33–34). Die Gegenwart Gottes beugte sich aus dem Himmel herab und ließ sich zwischen den Cherubim auf dem Gnadenthron der Bundeslade nieder. Von diesem Augenblick an war Gott nicht länger weit von den Menschen entfernt. Er wohnte unter seinem Volk.

In meiner Fantasie stelle ich mir gern vor, wie die Wolke und die Feuersäule sich umeinanderschlingen und dann wie ein Tornado herunterfahren und sich so lange drehen, bis sie direkt über der Stiftshütte zur Ruhe kommen. Ab diesem Augenblick konnten die Israeliten auf die Stiftshütte deuten und sagen: „Gott ist da drin.“

Mit diesem Bild vor Augen möchte ich dich bitten, auf dein Herz zu zeigen und zu sagen: „Gott ist da drin.“ An dem Tag, an dem du dich entschieden hast, Christus nachzufolgen, hat sich ein unsichtbares Wunder ereignet: Der Heilige Geist ist vom Himmel heruntergefahren, vielleicht wie ein Tornado, und hat sich so lange gedreht, bis er direkt über dir zur Ruhe gekommen ist. Er ist bei dir eingezogen. Du bist seine Wohnung.

Und genau das hat Jesus uns versprochen: „Es ist der Heilige Geist, der ... bei euch bleibt und später in euch sein wird. ... Wer mich liebt, wird tun, was ich sage. Mein Vater wird ihn lieben, und wir werden zu ihm kommen und bei ihm wohnen“ (Johannes 14,17.23).

Dein Herz ist nun sein Heiligtum. „Erkennt ihr denn nicht, dass ihr der Tempel Gottes seid und dass der Geist Gottes in euch wohnt?“ (1. Korinther 3,16).

Der Geist Gottes lebt in dir. Der Geist wirkt in uns und führt uns. Dazu hat er zwei Mittel: die Bibel und seine Stimme.

„Setzt den Helm eurer Rettung auf und nehmt das Wort Gottes, euer Schwert, das der Geist euch gibt" (Epheser 6,17). Das vorrangige Kommunikationsmittel des Heiligen Geistes ist die Bibel. Er spricht durch die Bibel zu uns, denn genau dort finden wir, was sein allgemeiner und sein konkreter Wille für uns ist: „Dein Wort ist eine Leuchte für meinen Fuß und ein Licht auf meinem Weg" (Psalm 119,105).

Die Gesellschaft sagt: Dein Wert hängt von der Höhe deines Einkommens ab.

Die Bibel sagt: Du bist wichtig, weil Gott dich geschaffen hat (Epheser 2,8–10).

Die Gesellschaft sagt: Mach, was du willst, es schadet dir nicht.

Die Bibel sagt: „Vor jedem Menschen liegt ein Weg, der richtig zu sein scheint, aber dennoch in den Tod führt" (Sprüche 14,12).

Die Gesellschaft sagt: Falls es einen Gott gibt, dann sind wir ihm gleichgültig.

Die Bibel sagt: „Denn Gott hat die Welt so sehr geliebt, dass er seinen einzigen Sohn hingab" (Johannes 3,16).

> Das vorrangige Kommunikationsmittel des Heiligen Geistes ist die Bibel. Er spricht durch die Bibel zu uns.

Die Bibel hat eine Antwort auf jedes Problem, mit dem du konfrontiert wirst. Sie ist nicht nur inspirierend, sondern auch extrem praxisnah.

Ich möchte dir das anhand eines Beispiels aus meiner Zeit in Südamerika veranschaulichen. Wir waren dort als Missionare tätig, wussten aber nicht, ob wir in Brasilien Einkommensteuer zahlen mussten. Unser Einkommen erhielten wir aus den USA und daher musste es eigentlich nicht noch einmal versteuert werden. Gleichzeitig lebten wir in Brasilien und nutzten dort die öffentlichen Verkehrsmittel, die Straßen und andere Dienstleistungen. Sollten wir da nicht auch Steuern zahlen? Als ich in der Bibel nachschlug, um herauszufinden, ob darin etwas zu dieser ganz speziellen und einzigartigen Situation stand, fand ich eine höchst interessante Geschichte. Jesus sagte einmal zu Petrus, dass sie als Juden nicht wirklich verpflichtet waren, den Römern Steuern zu zahlen.

> *„Wir wollen sie jedoch nicht vor den Kopf stoßen. Geh hinunter zum See und wirf eine Angelschnur aus. Dem ersten Fisch, den du fängst, öffne das Maul. Du wirst darin eine Münze finden. Nimm diese Münze und bezahle damit für uns beide die Steuer"* (Matthäus 17,27).

Wer hätte das gedacht? Der Heilige Geist nutzte die Bibel, um mir eine Antwort auf meine Frage zu geben. Also ging ich angeln! Nein, ist nur ein Witz. Ich hatte die Münze schon; ich wollte nur wissen, ob ich sie zahlen musste.

Und Ähnliches gilt für dich: Auch dich wird der Heilige Geist leiten. Orientiere dich zuerst an dem, was die Bibel zu deiner Frage zu sagen hat.

Und dann halte dich an seine Stimme.

Das kann eine „innere Gewissheit" sein, die aus dem Miteinander von Bibel und Heiligem Geist erwächst. Es kann aber auch der kluge Ratschlag eines Freundes sein, ein Traum oder eine Vision.

Bei einer Gelegenheit schmiedeten Paulus und seine Begleiter Pläne, in eine bestimmte Provinz zu reisen, aber „das ließ der Heilige Geist nicht zu" (Apostelgeschichte 16,7). Kurz darauf „hatte Paulus eine Vision. Er sah einen Mann aus Mazedonien im Norden Griechenlands, der ihn bat: ‚Komm herüber und hilf uns'" (Vers 9). Und Paulus gehorchte, was dazu führte, dass eine Frau namens Lydia getauft wurde – die erste Christin in Europa.

Bei einer anderen Gelegenheit wollten die Gemeindeleiter in Antiochia wissen, was Gottes Willen für eine bestimmte Angelegenheit war. „Eines Tages, während diese Männer einen Gottesdienst hielten und fasteten, sprach der Heilige Geist: ‚Ihr sollt Barnabas und Saulus für die besondere Aufgabe freistellen, für die ich sie ausersehen habe.' Da fasteten und beteten sie, legten ihnen die Hände auf und sandten sie aus" (Apostelgeschichte 13,2–3).

Wie vernahmen die Männer die Stimme des Heiligen Geistes? Ich weiß es nicht. Hörten sie wirklich eine Stimme? Ich weiß es nicht. Sprach der Heilige Geist durch einen der Leiter zu den anderen? Ich weiß es nicht. Stand die Nachricht in den Wolken am Himmel? Ich weiß es nicht.

Was ich aber weiß, ist, *dass* der Geist gesprochen hat. Und das tut er heute noch.

Also, sprich mit ihm. Bitte ihn, dich zu führen. Frage nach seinem Willen. Und dann hör hin. Warte auf eine Antwort. Wenn wir ihm folgen, fangen wir auch irgendwann an, seine Stimme zu erkennen. Ich habe bemerkt, dass er oft durch meine eigenen Gedanken zu mir spricht. Das überrascht mich nicht. Mein Verstand gehört ihm ja. Mein Körper ist sein Tempel. Es sollte mich nicht überraschen, dass seine Antwort auf meine Fragen mich auf eine Weise erreicht, die ich nachvollziehen kann.

Ich finde die Wendung „vom Heiligen Geist geführt" großartig. Der Heilige Geist treibt uns nicht vor sich her wie ein Cowboy seine Herde. Er führt uns sanft wie ein Hirte seine Schafe. In der Bibel wird Gott über zweihundert Mal als unser Hirte bezeichnet! Seine Entschlossenheit, uns zu führen, ist also größer als unsere Entschlossenheit, ihm zu folgen. Also entspann dich! Und wenn du nicht spürst oder erkennst, was in einer konkreten Situation sein Wille ist, dann frag noch einmal nach.

„Vertraue von ganzem Herzen auf den Herrn und verlass dich nicht auf deinen Verstand" (Sprüche 3,5). Er ist also durchaus in der Lage, dich dorthin zu führen, wo du nach seinem Willen sein sollst.

Vielleicht gibt er dir einen kleinen Anstoß oder dein Gewissen meldet sich oder ein Bibelvers spricht dich besonders an. Der Heilige Geist spricht meines Erachtens zuerst durch die Bibel, vielleicht ergänzt er dies auch noch durch seine Stimme. Doch unter Umständen ist auch die Bibel das einzige Medium.

Aber fall auch nicht auf der anderen Seite vom Pferd wie der Mann mit der Bäckerei: Dieser teilte seiner Frau nämlich mit, er würde zukünftig nicht mehr jeden Tag beim Bäcker Gebäck kaufen – er müsse auf seine Linie achten. Als er später nach Hause kam, stellte sie zu ihrer Überraschung fest, dass er ein ganzes Dutzend Teilchen mitgebracht hatte.

„Ich dachte, du wolltest nicht mehr zum Bäcker gehen?"

„Wollte ich auch nicht", erwiderte er. „Aber als ich daran vorbeifuhr, verspürte ich den Drang hineinzugehen. Ich betete: *Herr, soll ich ein paar Teilchen kaufen? Ich werde jetzt um die Bäckerei herumfahren. Wenn ich etwas kaufen soll, dann lass mich eine Parklücke finden.*"

„Was soll ich sagen", fuhr er fort, „ich habe eine Parklücke gefunden. Ich musste zwar zehnmal um den Block fahren, aber ich habe eine Parklücke gefunden."

Verändere die Rahmenbedingungen nicht so lange, bis sie dem entsprechen, was du hören willst.

Wende dich zuerst an die Bibel. Gottes Wille widerspricht niemals seinem Wort. Brauchst du Führung? Schlag deine Bibel auf. Weißt du nicht weiter? Schlag deine Bibel auf. Stehst du an einer Weggabelung in deinem Leben? Schlag deine Bibel auf. Denn: Wenn du die Bibel aufschlägst, öffnet Gott seinen Mund.

Die Bibel und seine Stimme. Der Heilige Geist gebraucht beides, um uns an unser Ziel zu führen. Gott spricht mit dir – hör genau hin. Er hat das Spiel des Lebens erfunden und will uns nur zu gern zeigen, wie man es spielt.

Kapitel 8

Das Feuer in dir

Der Heilige Geist als Flamme

„Ich taufe mit Wasser, aber bald kommt einer, der stärker ist als ich... Er wird euch mit dem Heiligen Geist und mit Feuer taufen."
Lukas 3,16

Brad Haugh erinnert sich noch genau an den Klang seines Herzschlags. Sein Herz hämmerte regelrecht in seiner Brust. Zweihundert Mal pro Minute. Vor ihm der schmale Bergrücken, hinter ihm das Feuer – der Feuerwehrmann brauchte jedes bisschen Kraft, das sein Herz durch seinen Körper pumpen konnte, um mit dem Leben davonzukommen.

Er war einer von 49 Feuerwehrleuten, die auf dem Bergrücken des Storm King Mountain, der sich etwa zehn Kilometer von Glenwood Springs in Colorado entfernt befindet, vom Feuer eingeschlossen waren. Vierzehn davon kamen ums Leben. Sie wurden von den Flammen regelrecht überrollt, die nach Haughs Schätzung fast einhundert Meter hoch waren. Eine unerträgliche Hitzewelle raste mit fast dreißig Kilometern pro Stunde den Hang herauf. Die Temperaturen stiegen auf fast 1000 Grad an, heiß genug, um das Werkzeug, das die Männer hatten fallen lassen, zu Asche zu verbrennen.

„Die Leute schrien in ihre Funkgeräte: ‚Lauft! Lauft! Lauft!‘ Ich war noch etwa fünfzig Meter vom höchsten Punkt des Hügels entfernt und das Feuer würde in zehn oder zwölf Sekunden da sein. Ich schaffte es über den Gipfel und rollte auf der anderen Seite hinunter, und als ich mich irgendwann umdrehte, war da nur diese unglaubliche Wand aus Feuer.“[1]

Nur wenige von uns werden je vor einem Feuer davonlaufen müssen. Aber wir alle haben schon die Bekanntschaft des Feuers gemacht: Wir haben unsere kalten Hände über ein wärmendes Lagerfeuer gestreckt. Wir haben eine brennende Fackel in die Nacht gehalten. Wir haben die blaue Gasflamme am Grill entzündet oder glühend rotes Metall gesehen. Feuer gehört zu unserem Leben dazu. Deshalb horchen wir auf, wenn Feuer und der Heilige Geist in einem Atemzug genannt werden.

„Er wird euch mit dem Heiligen Geist und mit Feuer taufen“ (Matthäus 3,11). Mit diesen Worten hat Johannes der Täufer den Menschen seinen Cousin vorgestellt. Wir hätten vielleicht eine, sagen wir mal, positivere Beschreibung erwartet. „Er wird euch mit Glücksgefühlen taufen … Er wird euer Selbstwertgefühl steigern, damit ihr euch gut fühlt … Er wird euch dabei helfen, leichter Freunde zu finden und mit Konflikten umzugehen.“ Aber mit dem Heiligen Geist und mit Feuer taufen?

Doch das war der Arbeitsauftrag von Jesus.

Die Worte erinnern darüber hinaus an eine Prophetie aus dem letzten Buch des Alten Testaments.

> *Denn er wird sein wie das Feuer im Schmelzofen oder wie die Lauge, die man zum Waschen benutzt. Er wird sitzen und das Silber schmelzen und reinigen. Er wird die Leviten reinigen und sie läutern wie Gold oder Silber, sodass sie dem Herrn Opfer bringen, die ihm gefallen* (Maleachi 3,2–3).

Der Himmel kommt mit viel Hitze auf uns herab. Und diese Hitze ist, wie wir sehen werden, gut für unser Herz.

Man beachte, dass Jesus der ist, der uns das Feuer des Heiligen Geistes bringt. „Er wird euch taufen." Im griechischen Urtext wird durch die Verwendung von *autos* – er selbst – betont, dass nur er es tut. Du wünschst dir den Heiligen Geist? Dann wende dich an Christus. Nimm ihn als deinen Retter und Herrn an. Dann wird er dich mit dem Heiligen Geist „taufen". Er wird dich in das Wesen des Geistes versenken, untertauchen, dich damit tränken. Genau wie Jesus vor Jordanwasser triefend aus dem Fluss stieg, werden auch wir getränkt mit dem Geist des Himmels in die Welt hinausgehen. Nicht ein einziges Haar auf unserem Kopf wird dabei ausgelassen. Wir sind von Kopf bis Fuß dafür bestimmt, mit dem Heiligen Geist und mit Feuer „gesegnet" zu werden.

Und wer mit dem Heiligen Geist getauft ist, brennt lichterloh.

Feuer ist eine chemische Reaktion, bei der Energie in Form von Licht und Wärme freigesetzt wird. Bei einem Holzfeuer stammt diese Energie ursprünglich von der Sonne und ist in der Pflanze in Form von Zellulose und Lignin eingelagert. Die Hitze eines anderen Feuers oder ein Blitzschlag wandelt die Zellulose in brennbare Gase um, die aus dem Holz entweichen und sich mit dem Sauerstoff in der Luft verbinden. Gibt es genügend Sauerstoff, Brennstoff und Hitze, breitet sich das Feuer weiter aus.

Wer mit dem Heiligen Geist getauft ist, brennt lichterloh.

Kann man etwas Ähnliches nicht auch über den Heiligen Geist sagen? Wenn wir ihn wirken lassen, wird er sich nicht aufhalten lassen. Es wird niemandem gelingen, ihn zu löschen.

Aber sein Feuer soll uns nicht schaden. Ganz im Gegenteil. Alle Vorteile eines Feuers finden sich auch im Segen des Heiligen Geistes wieder:

Feuer hat eine reinigende Wirkung. Meine Mutter war Krankenschwester und hat uns das schon früh beigebracht. Sie zog uns mithilfe einer Nadel einen Dorn aus dem Finger oder stach damit eine Blase auf. Aber vorher hielt sie die Nadelspitze immer in die Flamme eines Streichholzes. „Ich will die Keime abtöten", erklärte sie uns. Und genau das macht das Feuer: Es reinigt.

Der Heilige Geist ist der „Reiniger" schlechthin. Er will jede Verschmutzung des Gefäßes wegbrennen. Sind wir bereit, ein Tempel des Heiligen Geistes zu sein? Dann müssen wir vom Himmel gereinigt und geheiligt werden, um uns auf diese Aufgabe vorzubereiten. Der Heilige Geist kommt deshalb nicht nur, um zu reinigen, sondern auch, um zu verschönern, nicht nur, um uns zu waschen, sondern auch, um uns zu schmücken.

Dieses reinigende Feuer ist nicht immer angenehm. Es kann auch in Form von Zurechtweisung oder Enttäuschungen, Rückschlägen oder Verlusten daherkommen. Aber das Feuer des Heiligen Geistes bringt letztlich etwas Gutes hervor. Können wir das nicht auch in der Natur sehen? Die amerikanischen Forstbehörden listen folgende Vorteile von Waldbränden auf:

- Es werden Samen freigesetzt, und das Wachstum bestimmter Baumarten, wie z. B. der Küstenkiefer, wird gefördert.
- Tote Bäume, altes Laub und störendes Unterholz werden beseitigt, sodass neue Pflanzen wachsen können.
- Dem Boden werden neue Nährstoffe zugeführt.
- Schwache und kranke Bäume werden beseitigt, sodass gesunde Bäume mehr Platz und Nährstoffe haben.

- Der Wald wird ausgedünnt und gelichtet, sodass mehr Licht hereinströmen kann und die Bäume gesünder sind.
- Der Lebensraum der Wildtiere wird optimiert.[2]

Ein kontrolliertes Feuer tut der Vegetation letztlich gut. Wenn Christus uns im Feuer des Heiligen Geistes tauft, so geschieht das, damit wir mehr und bessere Frucht für ihn bringen.

Nimm dieses reinigende Feuer an. Lade ihn ein, sein Werk in deinem Herzen zu vollenden. „Unser Körper mag sterben, doch unser Geist wird jeden Tag erneuert" (2. Korinther 4,16). Im nächsten Leben wird unser Herz von aller Schlacke befreit sein. Die Eifersucht ist weg. Habsucht ist Geschichte. Schuldgefühle sind weg. Reue, Sorge und Stolz sind für immer verschwunden. Unsere Zeit hier auf der Erde ist eine Zeit der Vorbereitung, und der Teil von Gott, der dafür zuständig ist, ist der Heilige Geist. Lass ihn sein Werk in dir tun.

Geh aber mit deiner Seele nicht so um wie ich als junger Mann mit meinen Hemden. Nachdem ich das Theologische Seminar abgeschlossen hatte, absolvierte ich ein Praktikum in St. Louis, Missouri. Ich teilte mir dort eine Wohnung mit zwei anderen Junggesellen. Unsere hauswirtschaftlichen Fähigkeiten ließen allerdings zu wünschen übrig. Man hatte uns angewiesen, Jackett und Krawatte zu tragen, wenn wir für die Gemeinde und als Praktikanten unterwegs waren. Ich besaß ein Sportjackett und ein paar gute Hemden, die ich sehr oft trug. Aufgrund meines schmalen Geldbeutels konnte ich es mir nicht leisten, sie regelmäßig in die Reinigung zu bringen, also lernte ich, sie selbst zu waschen und zu bügeln. Einem meiner Mitbewohner fiel irgendwann auf, wie lange ich brauchte, um ein Hemd zu bügeln, und so zeigte er mir einen Trick: *Bügle nur das, was man sieht.* Unter seiner Anleitung lernte ich, wie man den Hemdkragen und die Manschetten bügelte. Hätte mich jemand aufgefordert, mein Jackett auszuziehen, wäre darunter ein Hemd zum Vorschein gekommen, das so zerknittert war wie ein zusammengeknäultes Blatt Papier.

Doch der Heilige Geist fällt nicht auf solche Tricks herein. Er will zu jedem Zipfel unserer Seele Zugang haben. Es gibt nichts, was ihm verborgen bleibt. Wie wäre es deshalb, wenn du diese Verse täglich betest: „Erforsche mich, Gott, und erkenne mein Herz, prüfe mich und erkenne meine Gedanken. Zeige mir, wenn ich auf falschen Wegen gehe, und führe mich den Weg zum ewigen Leben" (Psalm 139,23–24).

Der Heilige Geist kann die zerknitterten Bereiche unseres Lebens glätten, als sei er ein Bügeleisen. Deshalb musst du sie nicht vor ihm verbergen.

Er wird dir auch Kraft geben für den Kampf gegen die Sünde. Viele Christen können sich in den Worten des Apostels Paulus wiederfinden: „Was bin ich doch für ein elender Mensch! Wer wird mich von diesem Leben befreien, das von der Sünde beherrscht wird?" (Römer 7,24).

Dieses ernüchternde Bekenntnis steht wie ein Ausrufezeichen hinter den Erinnerungen des Apostels an sein Leben, bevor er Christus begegnete. Jeder Tag brachte Enttäuschungen und Scheitern mit sich. Und vielen Menschen geht es heute genauso. Sie glauben, dass sie gegen die täglichen Versuchungen einfach keine Chance haben und dass ihr Leben ein endloser Kampf gegen das Versagen und die Angst ist.

Wenn es dir genauso geht, dann schau doch mal, was Paulus wenige Verse später schreibt. Das 8. Kapitel des Römerbriefes ist Paulus' großartigstes Kapitel über Befreiung, Errettung. Im Gegensatz zum vorangegangenen Kapitel spricht er hier von Sieg und Gewissheit und Gnade. Und wo liegt der Unterschied?

Der Geist kann die zerknitterten Bereiche unseres Lebens glätten, als sei er ein Bügeleisen. Deshalb musst du sie nicht vor ihm verbergen.

Kapitel 7 beschreibt das Leben unter dem alten Gesetz (Vers 9). Kapitel 8 beschreibt das Leben mit dem Heiligen Geist. In Kapitel 7 kommt das Pronomen „ich" 27-mal vor und der Heilige Geist wird gerade ein Mal erwähnt. In Kapitel 8 kommt das Pronomen „ich" nur zweimal vor und dagegen spricht er 22-mal vom Heiligen Geist.[3] Was ich damit sagen will? Wenn der Heilige Geist in uns wohnt, dann wird es uns gelingen, die Sünde zu besiegen.

Welches dieser beiden Kapitel erinnert dich mehr an dein aktuelles Leben? Verlässt du dich mehr auf das „ich" oder mehr auf das „er"? „Lasst den Geist Gottes ungehindert wirken!" (1. Thessalonicher 5,19; Hfa). Lösche also sein Feuer nicht aus, indem du seine Gegenwart ablehnst oder dich gegen sein Wirken sträubst.

Durch Feuer schmilzt darüber hinaus das hart gefrorene Eis des Winters. Ähnliches gilt auch für das Feuer des Heiligen Geistes. Ohne den Heiligen Geist neigen wir dazu, innerlich zu verhärten. Wir brauchen seine Gegenwart, denn er taut gewissermaßen unsere verhärteten Herzen auf. Wenn sein Licht leuchtet, wirst du in der Lage sein, Menschen zu lieben, die du früher nicht leiden konntest. Deine Vorurteile und rassistischen Überzeugungen? Sie werden dem Feuer dessen, der alle Menschen liebt, nicht lange widerstehen können. Dein Herz wird für die Menschen in anderen Ländern schlagen, die Gott noch nicht kennen, und auch für diejenigen ohne Zugang zu Bildung. Du wirst mehr Mitgefühl und Güte an den Tag legen, weil die Wärme des Heiligen Geistes durch dich hindurchströmt.

Doch die großartigste Eigenschaft des Feuers ist wahrscheinlich seine Energie. Hinter ihr verbirgt sich das Geheimnis der Elektrizität. Sie treibt unzählige mit Kohle befeuerte Maschinen und mehr Öfen an, als man zählen kann. Feuer verbrennt. Feuer entzündet. Feuer bewegt Dinge.

Und der Heilige Geist? Bewegt er uns nicht auch? „Aber wenn der Heilige Geist über euch gekommen ist, werdet ihr seine Kraft empfangen“ (Apostelgeschichte 1,8), hat Jesus uns versprochen.

Gott will nicht, dass wir uns ständig abstrampeln, um ihm unser Bestes zu geben. Er möchte, dass wir uns an ihn wenden, weil er die Quelle all unserer Bemühungen ist. Oder um es mit anderen Worten auszudrücken: Wir sollten nicht versuchen, alles zu geben, und uns erst dann an Gott wenden, wenn wir merken, dass es nicht genug ist. Wir sollen uns an Gott wenden und darauf vertrauen, dass er das Werk für und in uns vollbringt. Paulus machte dies deutlich, als er an die Gemeinde in Philippi schrieb: „Denn alles ist mir möglich durch Christus, der mir die Kraft gibt, die ich brauche“ (Philipper 4,13).

Die größte Kraft im ganzen Universum wirkt in dir. Sie wird dir die Kraft geben, die du brauchst, um Jesus immer ähnlicher zu werden. Er wird dich in einem Augenblick heiligen und diesen Prozess dein gesamtes Leben lang fortführen.

Doch was können wir tun, wenn das Feuer in uns nur noch zu flackern scheint? Eine der besten Antworten darauf hängt mit der Bedeutung der Gemeinde zusammen.

In ihrem Buch über den Heiligen Geist erzählt Anne Graham Lotz die Geschichte eines jungen Mannes, der aus dem College zurückkam und seinem Pastor einen Besuch abstattete. Die beiden begaben sich in das gemütliche Büro des Pastors und unterhielten sich über das Leben im College, über die neuen Freunde des jungen Mannes und seinen Unterricht. Der Pastor erkundigte sich, ob er eine Gemeinde gefunden habe, in die er dort gehe.

„Nein“, antwortete der junge Mann, „ich verspüre nicht länger das Bedürfnis, in eine Gemeinde zu gehen. Mein Glaube ist auch ohne Gemeinde stark genug und neben dem Studium und allen anderen Aktivitäten fehlt mir einfach die Zeit dazu.“

Der Pastor erwiderte nichts, zog aber ein brennendes Holzscheit aus dem Kamin und ließ es auf den Steinen liegen, die diesen umgaben. Dann lehnte er sich wieder in seinem Stuhl zurück, faltete die Hände und schwieg. Einige Augenblicke lang nahm der Student an, der Pastor sei eingeschlafen. Er erhob sich und wollte gehen.

„Hast du gedacht, ich wäre eingeschlafen?“, fragte der Ältere. „Ich habe nur dieses Holzscheit beobachtet, das ich aus dem Feuer gezogen habe. Hast du es bemerkt? Als es bei den anderen Holzscheiten im Feuer lag, hat es lichterloh gebrannt. Aber jetzt, wo ich es herausgeholt habe, ist sein Feuer erloschen. Mein Sohn, du bist wie dieses Holzscheit. Wenn du willst, dass dein Glaube weiterbrennt, dann brauchst du die Gemeinschaft anderer Christen.“[4]

Die Gemeinde ist alles andere als vollkommen. Aber trotzdem ist die Gemeinde das Lagerfeuer, das Gott benutzt, um unser Feuer am Brennen zu halten. „Spornt euch gegenseitig zu Liebe und zu guten Taten an. Und lasst uns unsere Zusammenkünfte nicht versäumen, wie einige es tun, sondern ermutigt und ermahnt einander, besonders jetzt, da der Tag seiner Wiederkehr näher rückt!“ (Hebräer 10,24–25).

Es gibt noch eine letzte Eigenschaft des Feuers, die uns an den Heiligen Geist erinnert: Feuer hat auch eine schützende Funktion. Im Nahen Osten und in Afrika schützen die Hirten ihre Herden nachts durch einen Feuerwall, der wilde Tiere abhält und die Schafe beschützt. Gott selbst hat gesagt: „‚Doch ich selbst werde eine Mauer aus Feuer um Jerusalem bilden‘, spricht der Herr. ‚Und ich werde die Stadt mit meiner Herrlichkeit erfüllen!'" (Sacharja 2,9).

Das Feuer des Heiligen Geistes wehrt unzählige Versuchungen ab. Er liebt dich zu sehr, um dich ungeschützt zu lassen. Der Teufel kann dich zwar sehen, aber er kommt nicht an dich heran. Er mag zwar vielleicht bellen, aber er wird nicht beißen. Der Heilige Geist ist der dich umgebende Schutzwall, der alle Dämonen und ihre Anstrengungen von dir fernhält.

Nimm seine Hilfe an. Er wird dich reinigen, heiligen, wird dir Kraft schenken und dich beschützen.

Keiner kann so viel tun wie er.

Kapitel 9

Duftende Ölspuren

Der Heilige Geist als Salböl

„Und ihr wisst auch, dass Gott Jesus von Nazareth mit dem Heiligen Geist und mit Kraft gesalbt hat."
Apostelgeschichte 10,38

Denn wir wissen, wie sehr Gott uns liebt, weil er uns den Heiligen Geist geschenkt hat, der unsere Herzen mit seiner Liebe erfüllt.
Römer 5,5

Als ich neulich nach Hause kam, roch es dort himmlisch. „Schatz, was riecht denn hier so gut?" Der Duft ließ mich innehalten. Ich schnüffelte wie ein Labrador auf Spurensuche.

Denalyn war beeindruckt. Normalerweise fällt mir eigentlich gar nichts auf. Ich habe die Beobachtungsgabe eines Maulwurfs. Denalyn könnte die Möbel umstellen, aber wenn sie mich nicht warnen würde, würde ich mich genau an der Stelle hinsetzen, an der immer ein Stuhl gestanden hat, und dann vielleicht auf dem Couchtisch landen. Insgeheim arbeitet sie wahrscheinlich an einem Buch mit dem Titel *Ich habe einen Höhlenmenschen geheiratet*. Der Teil meines Gehirns, der für die Wahrnehmung von Details zuständig ist, ist definitiv unterentwickelt. Aber an diesem Tag erwachte er zum Leben.

„Dieser Duft ist wirklich angenehm", sagte ich.

Es war kein Essensgeruch; sie hatte nicht gekocht. Es war auch kein Parfüm; sie trägt nie welches. Es war der Duft des Waldes an einem kühlen Herbstmorgen. Doch gleichzeitig erinnerte er mich auch an einen Gewürzverkäufer auf einem orientalischen Markt. Oder war es der Geruch des Meeres? Ich konnte die Quelle nicht ausmachen.

„Denalyn, hast du frische Blumen gekauft?"

Sie lächelte. „Nein, ich habe Öle gekauft."

Öle? Öle kenne ich, schließlich war mein Vater Mechaniker. Ich habe sogar schon den Ölwechsel bei unserem Auto gemacht. „Du hast ‚Castrol' gekauft?" Jetzt sprach wieder der Höhlenmensch aus mir.

Sie hielt mir eine Tasche mit kleinen Fläschchen hin. Myrrhe. Lavendel. Zitronengras. Zimt. Sandelholz. Man hätte meinen können, sie wäre bei einem Händler gewesen, der sein Geschäft irgendwo in den Gassen Jerusalems hat. Und all diese Düfte hatten sich in unserem Haus ausgebreitet. Denalyn hatte sie sich auf die Haut gestrichen.

„Ich habe auch ein paar Tropfen in dein Wasser getan." (Der Höhlenmensch in mir hatte es nicht einmal bemerkt.)

Wie sich herausstellte, hatte sie sich ausgiebig mit ätherischen Ölen beschäftigt. Diese gelten als die ältesten natürlichen Gesundheitsprodukte. Tausende von Jahren haben Menschen überall auf der Welt diese Flüssigkeiten aus Kräutern, Blumen und Früchten gewonnen. Offenbar kann man mit ihrer Hilfe besser schlafen, entspannen, verdauen, sich konzentrieren und hat mehr Energie.

Helfen uns Öle wirklich? Das kann ich nicht sagen, ich bin kein Fachmann. Aber helfen uns Öle vielleicht, die belebende Wirkung des Heiligen Geistes zu verstehen? Das tun sie und deshalb ist das Salben mit Öl oft ein Symbol für die Gegenwart von Gottes Heiligem Geist.

Erinnerst du dich an die Geschichte von David? „Und während David inmitten seiner Brüder stand, nahm Samuel das Öl, das er mitgebracht hatte, und goss es über Davids Kopf aus. Von diesem Tag an kam der Geist des Herrn über ihn und verließ ihn nicht mehr“ (1. Samuel 16,13).

Gott gab Elia folgende Anweisung: „... salbe Elisa, den Sohn Schafats aus Abel-Mehola, an deiner Stelle zum Propheten“ (1. Könige 19,16).

Gott befahl Mose: „Zieh Aaron und seinen Söhnen diese Gewänder an. Danach sollst du sie salben, sie in ihr Amt einsetzen und sie weihen, damit sie mir als Priester dienen ... Jeden Tag sollst du ... den Altar von aller Sünde reinigen; weihe dann den Altar, indem du ihn mit Öl salbst“ (2. Mose 28,41; 29,36).

Folgender Lobpreis über Jesus wurde im Hebräerbrief festgehalten: „Deshalb, o Gott, hat dein Gott dich gesalbt und das Öl der Freude über dich ausgegossen, reichlicher als über alle anderen“ (Hebräer 1,9).

Jesus begann seinen Dienst, indem er verkündete: „Der Geist des Herrn ruht auf mir, denn er hat mich gesalbt“ (Lukas 4,18).

Erkennst du den Zusammenhang von Öl, Salbung und Heiligem Geist? Salböl ist hier eine Metapher für den Geist Gottes. „Gott selbst ist es, der uns zusammen mit euch im Glauben an Christus, seinen Gesalbten, festigt. *Er hat uns alle gesalbt* und damit in seinen Dienst gestellt; er hat uns auch sein Siegel aufgedrückt als Bestätigung dafür, dass wir jetzt sein Eigentum sind, und hat uns seinen Geist ins Herz gegeben als Unterpfand und Anzahlung für das, was er uns noch schenken will“ (2. Korinther 1,21–22; NGÜ, Hervorhebung des Autors). Gott hat über dir nicht das Öl ausgegossen, das meine Frau in einer Schublade aufbewahrt, sondern das kraftspendende, heilende Öl des Heiligen Geistes.

Dein Leben ist geweiht, gewidmet und gesalbt mit dem Geist Gottes. Und hat Gott nicht genau das versprochen?

> *„In den letzten Tagen, spricht Gott, werde ich meinen Geist über alle Menschen ausgießen“* (Apostelgeschichte 2,17).

Das Wort „ausgießen“ verdient es, näher betrachtet zu werden. Gott verteilt den Heiligen Geist nicht mit der Pipette oder dem Teelöffel. An dieser Stelle ist nicht die Rede von betupfen, besprengen, beträufeln oder bespritzen. Im Gegenteil. „Nein, aus reinem Erbarmen hat er uns gerettet durch das Bad der Taufe – das Bad, in dem wir zu einem neuen Leben geboren wurden, erneuert durch den Heiligen Geist. Ihn hat er *in reichem Maß über uns ausgegossen* durch Jesus Christus, unseren Retter“ (Titus 3,5–6; GN, Hervorhebung des Autors). Er übergießt uns mit sich selbst. Er tut mit uns das, was Mose mit Aaron tun sollte: „Nimm anschließend das Salböl und salbe ihn, indem du es ihm über den Kopf gießt“ (2. Mose 29,7).

Diese Anweisung erfolgte ungefähr um 1300 v. Chr. Damals hatten zwei Millionen Israeliten endlich die Gefangenschaft in Ägypten hinter sich gelassen. Eine neue Zivilisation wurde geboren. Und durch Mose gab Gott den Israeliten Anweisungen für jeden Aspekt ihres Lebens, insbesondere die Besonderheiten der Stiftshütte, die eine Vorwegnahme des Tempels darstellte.

Aaron und seine Söhne wurden ausgewählt, als Priester zu dienen. Ihre Priesterweihe hätte kaum aufwendiger sein können. Man hatte eine besondere Kopfbedeckung, eine Tunika, ein Untergewand sowie einen Priesterschurz mit Tasche genäht.

Und als dann alles vollständig war, gab Gott Mose die folgende Anweisung.

> *„Besorge dir kostbare Duftstoffe, sechs Kilo Myrrhe, drei Kilo Zimt, drei Kilo Kalmus, sechs Kilo Kassia, gewogen nach dem Gewicht des Heiligtums, und dazu dreieinhalb Liter Olivenöl. Lass daraus das wohlriechende Salböl bereiten, das für die Weihe von Personen und Gegenständen gebraucht wird"* (2. Mose 30,23–25; GN).

Diesen Abschnitt habe ich meiner heimischen Ölexpertin gezeigt. „Denalyn", sagte ich, „lass uns dieses Rezept nachstellen. Wo kriegen wir denn sechs Kilo Myrrhe, drei Kilo Zimt, drei Kilo Kalmus und sechs Kilo Kassia her?"

Sie warf mir ihren „Ich bin mit einem Höhlenmenschen verheiratet"-Blick zu und erklärte, dass allein die Menge an Myrrhe umgerechnet fast 3000 Euro kosten würde.

Nun, vielleicht konnten wir ja wenigstens ausrechnen, wie viel Salböl hier zusammenkam. Wir rechneten die biblischen Maßeinheiten in Liter um. Dann rechneten wir noch das Öl hinzu. Alles in allem ergab es rund zwanzig Liter Salböl. Ich stellte mir vor, wie man dem Trainer des Champions-League-Siegers einen Zwanzig-Liter-Kanister Öl über den Kopf gießt. Das war nicht gerade wenig Öl! Und Mose sollte diese Menge über die Tempelutensilien gießen, damit sie „vollkommen heilig" oder „hochheilig" (ELB, LU) waren.

Als Nächstes waren Aaron und seine Söhne dran: „... das duftende Salböl, das Aaron über das Haupt gegossen wurde, das hinabrann in seinen Bart, an seinem Körper hinunter bis zum Saum seines Gewandes" (Psalm 133,2). Dieser Typ wurde regelrecht in Öl eingelegt! Es durchdrang seinen Bart und zog in jede Pore seiner Haut ein. Sein Haar war nass davon, es lief ihm den Rücken hinunter und tropfte vom Saum seines Gewandes auf den Boden. Seine Frau konnte ihn wahrscheinlich hundert Meter gegen den Wind riechen. „Wir haben gerochen, dass du kommst, Aaron."

Das Öl veränderte jedoch nicht nur seinen Geruch, es kennzeichnete auch seinen Dienst. „Mit diesem Öl sollst du auch Aaron und seine Söhne salben, um sie auf diese Weise für ihr Priesteramt zu weihen" (2. Mose 30,30). Sie wurden zu einem bestimmten Zweck geweiht. Gottes besondere Gunst lag auf ihnen. Sie besaßen eine einzigartige Autorität. Kannst du dir vorstellen, wie sie sich gefühlt haben müssen?

Ich hoffe sehr, dass du das kannst, denn auf dir liegt eine noch größere Salbung. Verstehst du, was am Tag deiner Entscheidung für ein Leben mit Gott passiert ist? Ja, seine Gnade hat dich umhüllt. Ja, das Zelt von Gottes Herrschaft wurde über dich gebreitet. Ja, dir wurde der Weg in den Himmel bereitet. Und ja, ja, ja, du wurdest mit dem Heiligen Geist gesalbt. Du wurdest für eine heilige Aufgabe geweiht.

> *Euch aber hat der, der heilig ist, Jesus Christus, seinen Geist gegeben, und durch diese Salbung habt ihr alle die nötige Erkenntnis* (1. Johannes 2,20; NGÜ).

Wenn man dies aus der Perspektive des Himmels betrachtet, ist die Gabe des Heiligen Geistes das größte Geschenk überhaupt. Jesus machte eine überraschende Aussage, als er seinen Nachfolgern erklärte, dass es zu ihrem Vorteil sei, wenn er wegginge (Johannes 16,7). Sein Weggehen sollte das Kommen des Heiligen Geistes nach sich ziehen. Ich stelle mir vor, wie die Jünger bei seinen Worten die Stirn gerunzelt haben. Was konnte besser sein, als Jesus persönlich bei sich zu haben? Ihm Fragen stellen zu können, seinem Lehren zuzuhören, ihm zuzusehen? Jesus an deiner Seite – gibt es irgendetwas Besseres?

Ja, gibt es – den Heiligen Geist in dir.

Jesus hat sich an einen menschlichen Körper gebunden und konnte dadurch zu einer bestimmten Zeit nur an einem bestimmten Ort sein. Der Heilige Geist ist dagegen grenzenlos. Er kann zu jeder Zeit überall sein. Jesus war eine örtlich gebundene Kraft; der Geist ist eine weltweit wirkende Kraft. Es gibt keinen Ort, an dem er nicht ist.

> *Wohin sollte ich fliehen vor deinem Geist, und wo könnte ich deiner Gegenwart entrinnen? Flöge ich hinauf in den Himmel, so bist du da; stiege ich hinab ins Totenreich, so bist du auch da* (Psalm 139,7–8).

Gott hat seinen Geist in einem solchen Maß über dich ausgegossen, dass du niemals mehr irgendwo sein wirst, wo der Heilige Geist nicht ist. Gott hat entschieden, dass du für ihn etwas ganz Besonderes bist. Du bist einzigartig unter den Menschen. Du gehörst zu seiner Priesterschaft (1. Petrus 2,5). Er hat dich mit sich selbst übergossen.

Bade in diesem Segen.

Beurteile dich nicht anhand deines Taillenumfangs, der Größe deines Hauses, deiner Hautfarbe, der Logos auf deiner Kleidung, deiner Auszeichnungen oder der Glätte deiner Haut. Du stehst weit über all diesen Dingen. Du bist nicht die Summe deines Einkommens oder deiner Follower bei Instagram. Dein Wert hängt nicht davon ab, welches Auto du fährst oder welchen Schmuck du trägst. Du bist mit dem Heiligen Geist gesalbt und diese Salbung verändert alles.

Im Sommer 1871 hatten zwei Frauen in Dwight L. Moodys Gemeinde den starken Eindruck, dafür beten zu müssen, „dass der Herr ihm die Taufe mit dem Heiligen Geist und mit Feuer gebe". Moody sah immer, wie sie in der ersten Reihe seiner Gemeinde saßen und beteten und war etwas ungehalten darüber. Aber schon bald lenkte er ein, und im September desselben Jahres fing er an, jeden Freitagnachmittag mit ihnen zu beten. Er hatte einfach das Gefühl, dass sein Dienst nur ein dröhnender Gong mit wenig Schlagkraft war. Am 24. November 1871 wurde das Kirchengebäude der Gemeinde bei dem großen Brand von Chicago zerstört. Moody begab sich auf der Suche nach finanzieller Unterstützung nach New York. Tag und Nacht ging er durch die Straßen und sehnte sich verzweifelt nach *mehr* von Gott in seinem Leben. Und dann ...

> *... eines Tages in New York – was war das für ein Tag! –, ich kann es nicht beschreiben. Ich erwähne es selten; die Erfahrung ist fast zu heilig, um sie zu erzählen. ... Ich kann nur sagen, dass Gott sich mir offenbart hat und ich seine Liebe so stark erlebt habe, dass ich ihn bitten musste, seine Hand von mir zu nehmen. Ich begann wieder zu predigen. Die Predigten waren nicht anders; ich hatte keine neuen Wahrheiten, und doch bekehrten sich Hunderte. Nicht für alles in der Welt würde ich dorthin zurückwollen, wo ich vor dieser segensreichen Erfahrung war – es wäre nur ein Staubkorn auf der Waagschale.*[1]

Gott bietet jedem von uns diese Salbung an. Wenn du betest, predigst, prophetisch redest oder einfach nur deinen Glauben lebst, wirst du durch die Gegenwart des Heiligen Geistes bevollmächtigt. Verlass dich auf ihn. Du wirst vielleicht müde, aber der Heilige Geist nicht. Dein Verständnis ist begrenzt, aber der Geist besitzt eine unergründliche Weisheit. Du kannst nicht in die Zukunft sehen, aber der Geist ist im Morgen genauso gegenwärtig wie im Heute. Dich verwirren die Umstände vielleicht, aber der Geist ist niemals verwirrt, konfus oder perplex. Und weil er in dir wohnt, hast du eine Kraft, die du ohne ihn niemals hättest.

Vor ein paar Tagen habe ich mich auf diese Verheißung gestützt. Ein guter Freund hat mir eine Stunde lang erzählt, wie frustriert er über seinen Vater ist. Die beiden leiten gemeinsam ein Unternehmen und der Vater hat einige fragwürdige Entscheidungen getroffen. Mein Freund war ziemlich gereizt. Und ich war verwirrt. Die beiden hatten kein Geld verloren und auch keine Chancen vergeudet. Warum war er da so erregt?

Ich wusste nicht, was ich sagen sollte, also hörte ich ihm nur zu und betete im Stillen: *Herr, was ist hier los? Was beschäftigt meinen Freund so?*

Da kam mir ein Wort in den Sinn: *Trauer*. „Das ist es", sagte ich zu mir selbst. Und an meinen Freund gewandt meinte ich: „Du bist nicht wütend auf deinen Vater, du bist traurig, weil es ihm körperlich und geistig immer schlechter geht. Der Mantel wird von ihm auf dich übergehen. In Wahrheit bist du traurig. Du wirst ihn vermissen."

Die Worte trafen ins Schwarze. Mein Freund fing an zu weinen.

Der Heilige Geist wirkte in dieser Situation durch mich. Dabei hatte ich nur darauf vertraut, dass der Heilige Geist gegenwärtig war und dass meine Salbung für diese Aufgabe ausreichte.

Mach es doch genauso. Der Heilige Geist wird dir geben, was auch immer du brauchst, um die heilige Aufgabe zu erfüllen, zu der er dich berufen hat. Warum konnte Jesus so machtvoll wirken? Weil Gott ihm „seinen Geist ohne jede Einschränkung" (Johannes 3,34) gegeben hatte. Sollte Gott das bei uns nicht genauso machen? Er ist nicht knauserig. Er teilt den Heiligen Geist nicht portionsweise aus. Er teilt sich uns nicht stückchenweise zu. Geizkragen? Nein. Großzügig? Ja.

Paulus' Gebet für die Epheser gibt sehr gut wieder, was Gottes Wille für dich und für mich ist: „Ich bete, dass er euch aus seinem großen Reichtum die Kraft gibt, *durch seinen Geist innerlich stark zu werden*" (Epheser 3,16; Hervorhebung des Autors).

Verlier deine Salbung nicht aus den Augen. Gott hat dich für eine ganz besondere Aufgabe berufen. Er hat seinen Geist über dir ausgegossen! Nimm ihn an. Glaube daran. Und hinterlass überall dort, wo du hingehst, duftende Ölspuren.

Kapitel 10

Die kommende Welle

Der Heilige Geist als Strom lebendigen Wassers

„Denn ich werde Wasser auf Durstige ausschütten und das trockene Land mit Bächen bewässern. Ich werde meinen Geist auf deine Nachkommen und meinen Segen über deinen Kindern ausgießen. Sie werden wachsen wie Gras am Ufer, wie Weiden am Fluss."
Jesaja 44,3–4

Ein Schatten hat sich über die westliche Kultur gelegt. Der christliche Glaube ist auf dem Rückzug. Vielerorts interessieren sich die Menschen schlicht nicht länger für Spiritualität. Besitz, Statussymbole, Reichtum – das ist ihnen wichtig. Die Menschen sind ganz versessen auf materielle Dinge und interessieren sich nicht länger für Gott. Suchterkrankungen nehmen zu. Die Gottesdienstbesucherzahlen nehmen ab. Obwohl die Bevölkerungszahl in einigen Gebieten in den letzten zehn Jahren um bis zu 300 Prozent gestiegen ist, verzeichnet die größte Glaubensgemeinschaft einen Rückgang der Mitgliederzahlen.

Bei den seltenen Gelegenheiten, bei denen über spirituelle Dinge gesprochen wird, gerät das Christentum unter Beschuss. Man stellt die Autorität der Bibel infrage. Universalismus ist plötzlich in Mode. Keiner ist ein Sünder. Niemand wird in der Hölle landen. Alle werden irgendwie gerettet. Es gibt keine ewige Strafe. Die Vorstellung von einem Gericht am Ende der Zeit ist in den Augen der Menschen überholt und barbarisch.

Das sind keine guten Nachrichten.

Aber es sind auch keine neuen Nachrichten. Du denkst vielleicht, ich beschreibe die heutige Situation. In Wirklichkeit beschreibe ich jedoch die geistliche Landschaft Ende des 18. Jahrhunderts.

Francis Asbury, ein methodistischer Bischof, gab 1794 folgenden düsteren Bericht ab: „[Bei der amerikanischen Landnahme] ist von hundert nicht einer wegen seines Glaubens hier, sondern sie kamen, um viel gutes Land einzunehmen." Andrew Fulton, ein presbyterianischer Missionar aus Schottland berichtete, dass „es in all den neu gegründeten Städten in den westlichen Kolonien nur sehr wenige gläubige Menschen gibt".[1]

Meine Heimat litt unter einer geistlichen Dürre. Aber dann passierte etwas Wunderbares: Der Regen der Erweckung fiel.

Die ersten Tropfen fielen in Kentucky. Die *Cane Ridge*-Gemeinde traf sich in einem unscheinbaren Gebäude am Hang eines großen Hügels. Ihr Pastor, ein Presbyterianer namens Barton W. Stone, war einer von Dutzenden von Gemeindeleitern, die für Erweckung gebetet hatten. Sie trafen sich regelmäßig zum Gebet und riefen ihre Kirchen auf, ausgiebig das Abendmahl miteinander zu feiern.

Einer dieser Abendmahlsgottesdienste fand in Cane Ridge statt. In dem einfachen Versammlungsgebäude hatten etwa 500 Menschen Platz. Da die Gemeindeleiter mit einer enormen Menschenmenge rechneten, bauten sie ein großes Zelt auf. Es zeigte sich schnell, dass es nicht einmal ansatzweise ausreichend war. Die ersten Teilnehmer trafen am 6. August 1801 ein.

Man schätzt, dass sich in den nächsten drei Tagen zwischen 10 000 und 25 000 Gottesdienstbesucher versammelten. Sie kamen von überallher. Sie reisten über die Berge an. Sie kamen in Pferdewagen, zu Fuß, zu Pferd. Sie lauschten den Predigten, beteten gemeinsam Gott an, empfingen das Abendmahl und erlebten eine persönliche Erneuerung. An Weinen, Stöhnen und Schreien mangelte es nicht.

Ein Historiker behauptete später, die Abendmahlsfeier in Cane Ridge sei „wohl die wichtigste religiöse Versammlung in der amerikanischen Geschichte“[2] gewesen. „Sie führte zu einer explosionsartigen Ausbreitung des evangelikalen Glaubens, der bald jeden Winkel des Landes erreichte. Anschließend betete man jahrzehntelang bei jeder Zeltevangelisation und Erweckungsversammlung im ganzen Land: ‚Herr, lass es sein wie in Cane Ridge.‘“[3]

Eine geistliche Erweckung brach aus. Während der ersten Hälfte des 19. Jahrhunderts stieg die Zahl der Gottesdienstbesucher wieder. Es gab soziale Reformen. Die Erweckung trug unmittelbar zur Abschaffung der Sklaverei und zur Stärkung der Frauenrechte bei.[4] Die zweite große Erweckung hatte begonnen.

Hoffst du darauf, dass Gott sich auch heutzutage auf so mächtige Weise zeigt? Ich schon. In der westlichen Gesellschaft ist der christliche Glaube auf dem Rückzug. In den USA ist die Zahl der Gläubigen im vergangenen Jahrzehnt zum Beispiel um zwölf Prozent zurückgegangen.[5] Der Glaube an Gott ist rückläufig, während der Glaube an Geister zunimmt.[6]

30 Prozent der Millennials sagen heute von sich, dass sie einsam sind. Von allen befragten Altersgruppen fühlen sich die Millennials damit am einsamsten. Außerdem geben 22 Prozent der Millennials an, sie hätten keine Freunde.[7] Der Lebensabschnitt,

der von Zuversicht und Hoffnung geprägt sein sollte, ist von Isolation gezeichnet.

Immer mehr Menschen leiden unter schweren Depressionen. In allen Altersgruppen ist hier ein Anstieg festzustellen, aber am rasantesten nimmt diese Erkrankung bei Teenagern und jungen Erwachsenen zu.[8] Der Anstieg der Selbstmordrate ist von allen Statistiken am alarmierendsten. Dem US-Bundesamt für Statistik zufolge ist die Suizidrate so hoch wie seit dem Zweiten Weltkrieg nicht mehr und seit 1999 um 33 Prozent gestiegen.[9] Eine Freundin erzählte mir neulich, dass sie beschlossen habe, keine Kinder zu bekommen. Sie kann den Gedanken nicht ertragen, in welcher Welt ihr Kind leben würde. Ich kann ihre Bedenken nachvollziehen.

Und doch müssen wir die Hoffnung nicht aufgeben. Jeden Moment könnte eine Erweckung beginnen. Gott wird zum richtigen Zeitpunkt die Schleusen des Himmels öffnen und seinen Geist wie einen Strom über unsere Gesellschaft ausgießen. Das hat uns Jesus versprochen.

> *Am letzten Tag, dem Höhepunkt des Festes, stellte Jesus sich hin und rief der Menge zu: „Wenn jemand Durst hat, soll er zu mir kommen und trinken! Wer an mich glaubt, aus dessen Innerem werden Ströme lebendigen Wassers fließen, wie es in der Schrift heißt." Mit dem „lebendigen Wasser" meinte er den Geist, der jedem zuteilwerden sollte, der an ihn glaubte. Aber der Geist war noch nicht gekommen, weil Jesus noch nicht verherrlicht worden war* (Johannes 7,37–39).

Jesus sagte diese Worte an einem Oktobertag im geschäftigen Jerusalem. Die Straßen waren wegen des Laubhüttenfestes – einem jährlichen Gedenktag, bei dem sich die Jüdinnen und

Juden an das Leben ihrer Vorfahren während ihrer Flucht aus Ägypten erinnern – voller Menschen. Jeden Morgen füllte ein Priester einen goldenen Krug mit Wasser und trug ihn die menschengesäumte Straße entlang zum Tempel. Unter Posaunenschall goss der Priester das Wasser dann mit einem Trichter auf den Fuß des Altars. Am letzten Tag, dem großen Festtag, gingen die Priester dann siebenmal um den Altar – wie damals die Israeliten um die Mauern von Jericho – und übergossen ihn mit sieben Krügen voll Wasser.[10]

Vielleicht zog der Prediger aus dem Norden genau in diesem Moment die Aufmerksamkeit der Leute auf sich. Er stand auf – Lehrer setzten sich üblicherweise hin, um zu sprechen. Aber er nicht. Er sprach eine große Einladung aus. Er „rief der Menge zu". „Trinkt mich", verkündete er, „dann werden Ströme lebendigen Wassers aus euch hervorfließen!" Und damit uns ja die Tragweite dieses Augenblicks nicht entgeht, kommentiert Johannes hier (völlig untypisch) sein eigenes Evangelium: „Mit dem ‚lebendigen Wasser' meinte er den Geist."

Jedes Wort in dieser Verheißung ist kostbar! „Wenn *jemand* Durst hat."[11] Die Hautfarbe ist egal. Das Einkommen spielt keine Rolle. Keiner wird zuerst einer Überprüfung unterzogen. Es gibt nur eine Voraussetzung:

„Wenn jemand *Durst* hat." Nicht, „wenn jemand würdig, qualifiziert, ausgebildet oder reif genug ist". Man muss nur zugeben, dass man Durst hat. Wer würde diese Voraussetzung nicht erfüllen? Der Teenager hat Durst nach Freunden. Alte Menschen haben Durst nach Hoffnung. Der Mann mit dem gebrochenen Herzen verspürt Durst nach einer zweiten Chance. Die beschämte Frau hat Durst nach Annahme. Wir alle haben Durst – Durst danach, glücklich zu sein, einen Sinn im Leben zu haben, Durst nach Antworten und Kraft. Durst.

„Wenn jemand Durst hat", bietet Jesus an, „soll er zu *mir* kommen und trinken." Gibt es eine klarere Anweisung? Und trotz all ihrer Klarheit bringen wir sie durcheinander. Jesus sagte diese Worte zu einem äußerst religiösen Zeitpunkt. Obwohl er die Einladung aussprach: „... er soll zu *mir* kommen", kann es sein, dass jemand Tausende religiöser Veranstaltungen besucht und seine Seele doch nicht erfrischt wird. Geistlicher Durst kann nur von Jesus selbst gestillt werden.

Hier helfen uns die Geschichten von C. S. Lewis weiter. In *Die Chroniken von Narnia* findet sich ein Mädchen namens Jill in einer wundersamen Welt wieder. Nachdem es einige Zeit unterwegs ist, hält es nach Wasser Ausschau. Das Mädchen hat Durst. Es stößt auf einen Bach, zögert aber, daraus zu trinken, weil dort ein Löwe ist. Er fragt das Mädchen, ob es Durst hat; es antwortet, dass es am Verdursten ist. „Dann trink", bietet ihm der Löwe an. Aber es hat Angst und fragt, ob es wohl möglich wäre, dass er so lange weggehe, bis sie getrunken hat. Dem Mädchen wird sofort bewusst, wie vermessen seine Bitte ist.

Daraufhin bittet die Kleine den Löwen, ihr zu versprechen, dass er ihr nichts tut, wenn sie ans Wasser tritt. Er erklärt ihr, dass er niemals etwas verspricht. Beinahe wahnsinnig vor Durst, fragt sie den Löwen, ob er jemals kleine Mädchen frisst. Er erwidert: „Ich habe Mädchen und Jungen, Frauen und Männer, Könige und Kaiser, Städte und Länder verschlungen."

Sie sagt dem Löwen, dass sie sich nicht traut, ans Wasser zu kommen und zu trinken. Er erklärt ihr, dass sie dann verdursten werde. Sie erwidert, dass sie dann wohl einen anderen Bach finden müsse. Er erwidert ganz nüchtern: „Es gibt keinen anderen Bach."[12]

Christus ist die einzige Quelle.

„Komm zu mir und trinke“, lädt er uns ein. Nicht nippen. Nicht probieren. Sondern in großen Schlucken trinken. Tiefe Züge von ihm nehmen. Christus hinunterstürzen. Christus zu trinken bedeutet, so viel von ihm aufzunehmen, dass er selbst die trockensten Stellen unseres Lebens erreicht. Wenn wir das tun, „werden Ströme lebendigen Wassers fließen“.

Und wenn Jesus in uns hineinströmt, strömt der Heilige Geist aus uns heraus. Wir werden zu Quellen lebendigen Wassers für die Menschen in unserem Umfeld.

Ich bin zwar nicht auf einer Ranch aufgewachsen, aber in einem Bundesstaat, in dem es viele Rancher gibt. In all den Jahren habe ich gelernt, dass der Wert des Farmlandes auf zwei Arten steigt: Man entdeckt entweder Öl oder Wasser darauf. Wenn ein Fluss oder Bach über das Land fließt oder es dort einen Brunnen gibt, dann bewirbt man sie als Ranch mit „lebendigem Wasser“. Sie ist mit einem kontinuierlichen Strom von H_2O gesegnet. Das Vieh hat Wasser zum Trinken. Der Rancher hat genügend Wasser zur Verfügung, um seine Felder zu bewässern. Das Vorhandensein von Wasser macht aus trockenem Farmland ein wertvolles Grundstück.

Die Gegenwart von Jesus-Nachfolgern, die mit dem Heiligen Geist erfüllt sind, bewirkt in einer Gesellschaft das Gleiche. Wir erfrischen unser Umfeld. Wir besänftigen. Wir beruhigen. Der Heilige Geist fließt aus uns heraus und erreicht auch die trockenen Stellen dieser Welt. Und genau das ist Erweckung: Wir „trinken“ Christus und verströmen dann Leben.

Und genau das ist meiner Frau gestern passiert. Sie war im Supermarkt und sah eine Mutter, die von ihren Kindern im Rollstuhl geschoben wurde. Die Mutter sah schwach und blass aus. Unter ihrer Nase hing ein Sauerstoffschlauch.

Und wenn Jesus in uns hineinströmt, strömt der Heilige Geist aus uns heraus. Wir werden zu Quellen lebendigen Wassers für die Menschen in unserem Umfeld.

Denalyn verspürte das Bedürfnis, ihr zu helfen. Aber wie? Als sie hinter der Mutter an der Kasse stand, erhielt sie eine Antwort. Der Heilige Geist gab Denalyn zu verstehen, sie solle für den Einkauf der Frau zahlen. „Natürlich", erzählte sie mir später. „Warum bin ich nicht früher darauf gekommen?"

Die Einkäufer waren überrascht und dankbar. Denalyn bezahlte und die Familie bedankte sich. Meine Frau erzählte mir später, dass das der Höhepunkt ihres Tages gewesen war. (Und ich dachte schon, morgens neben mir aufzuwachen, sei der Höhepunkt des Tages.)

Sie hatte ganz ohne Zwang gehandelt. Ihr Handeln war aufrichtig und keine Last gewesen und auch nicht das Einhalten einer Verpflichtung. Man könnte sagen, es strömte aus ihr heraus wie Wasser aus einer Quelle.

Multipliziere diese Kleinigkeit mit 2,3 Milliarden – der Anzahl der Christen weltweit.[13] Nehmen wir mal an, jeder von uns würde jeden Tag einer Eingebung des Heiligen Geistes folgen und jemandem zum Segen werden. Gute Taten. Ermutigende Worte. Vielleicht würde dann ja auch zu unserer Zeit eine Erweckung stattfinden?

Genau das passierte 1801. Und was in der Gemeinde in Cane Ridge begann, breitete sich im amerikanischen Westen aus wie ein Frühlingsregen. Gemeinden wuchsen. Christen übten einen positiven Einfluss auf ihre Gesellschaft aus.

Man kann eine Erweckung nicht erzwingen, vortäuschen oder heraufbeschwören. Eine Erweckung ist das „seltsame und souveräne Wirken Gottes, bei dem er sein Volk besucht, wiederherstellt, ihm neues Leben einhaucht und ihm die Fülle seines Segens schenkt",[14] wie es jemand einmal formuliert hat. Durch die Kraft einer Erweckung, so schreibt ein anderer, „werden ungeheure, bislang schlummernde Ressourcen geweckt, und neue Kräfte, die lange unter der Oberfläche gewartet haben, brechen hervor".[15]

Jonathan Edwards war einer der führenden Köpfe der ersten großen Erweckungsbewegung in den englischen Kolonien. Er berichtete, dass anfangs ein paar Predigten gehalten wurden und wenige Menschen zum Glauben kamen. „Aber dann hat Gott auf so bemerkenswerte Weise diese Arbeit in seine Hände genommen und in ein oder zwei Tagen das erreicht, wofür die Gemeinschaft aller christlichen Kirchen unter Einsatz all ihrer Mittel mit dem Segen Gottes über ein Jahr gebraucht hätte."[16]

Das sind die „Ströme lebendigen Wassers".

Sehnen wir uns nicht alle danach, dass Gott auf so gewaltige und geheimnisvolle Weise im Leben seiner Kinder handelt?

Bitten wir ihn doch darum. Und wie wäre es, wenn wir dazu das Gebet eines Predigers nachsprechen? Er war angesichts des Zustandes dieser Welt so verzweifelt, dass er nach draußen ging und einen großen Kreis in den Staub zeichnete. Er stellte sich in die Mitte des Kreises und betete: *Herr, schenke Erweckung, und fang bei denen an, die in diesem Kreis stehen.*

Veränderung tritt dann ein, wenn ich mich verändere.

Sehnen wir uns nach einem Neuanfang? Dann lass uns Gebete wie das folgende sprechen: *Gott, bitte lass dein lebendiges Wasser auf und durch deine Kinder fließen. Wir wollen überall, wo wir hingehen, Quellen des Lebens und der Liebe sein. Wir wollen deine Diener sein.*

Eine der bekanntesten Erweckungen ereignete sich Anfang des 20. Jahrhunderts in Wales. In weniger als einem Jahr kamen mehr als 100 000 Menschen zum Glauben.[17]

Fast niemand suchte mehr die örtlichen Kneipen auf, woraufhin diese wegen mangelnder Kundschaft geschlossen wurden. Die Gerichte hatte nichts mehr zu tun, weil niemand mehr

Verbrechen beging. In den Bergwerken mussten sogar die Maultiere neu abgerichtet werden, weil sie zuvor auf Schimpfworte gehört hatten. Aber als die Männer zum Glauben kamen, änderte sich auch ihre Ausdrucksweise, und die Maultiere mussten an das neue Vokabular gewöhnt werden.[18]

Wäre es nicht schön, wenn es auch heute notwendig wäre, Maultiere neu abzurichten?

Lade die durstigen Seelen ein. Lade sie ein, zu Gott zu kommen. Und lass die Ströme lebendigen Wassers wieder fließen.

Kapitel 11

Mach den Mund auf!

Der Heilige Geist in Form von Feuerzungen

Doch wie können sie ihn anrufen, wenn sie nicht an ihn glauben? Und wie können sie an ihn glauben, wenn sie nie von ihm gehört haben? Und wie können sie von ihm hören, wenn niemand ihnen die Botschaft verkündet?
Römer 10,14

Da trat Petrus mit den elf anderen Aposteln vor und rief der Menge zu: „Hört zu, ihr jüdischen Männer und ihr Einwohner Jerusalems! Ich will euch etwas sagen. ... Kehrt euch ab von euren Sünden und wendet euch Gott zu. Lasst euch alle taufen im Namen von Jesus Christus zur Vergebung eurer Sünden. Dann werdet ihr die Gabe des Heiligen Geistes empfangen. Diese Zusage Gottes gilt euch und euren Kindern und auch denen, die fern von Gott sind – allen, die vom Herrn, unserem Gott, berufen werden.“
Apostelgeschichte 2,14.38–39

Was ist denn in Petrus gefahren?

Noch sieben Wochen zuvor hat er sich versteckt, weil er Angst hatte, dass man auch auf ihn Jagd machen würde, und heute verbreitet er die Botschaft, dass Jesus Rettung schenkt.

Unmittelbar vor der Kreuzigung hat er noch geleugnet, Jesus zu kennen. Jetzt verkündet er die Botschaft vom auferstandenen Jesus. Am Abend vor Karfreitag konnte man ihn nicht dazu bringen, etwas zu sagen. Heute kann man ihn nicht mehr zum Schweigen bringen!

Was ist denn in Petrus gefahren?

Bei der Kreuzigung war er ein Feigling. Die Frage einer Magd brachte ihn aus der Fassung. Er wurde nicht von einem Soldaten verprügelt oder vom Hohen Rat eingeschüchtert. Rom hatte nicht gedroht, ihn auszuliefern. Nein, eine einfache Bedienung aus dem Schnellrestaurant in der Innenstadt hatte seinen Dialekt gehört und ihn gefragt, ob er diesen Jesus kenne. Petrus geriet in Panik. Er brach zusammen. Er verleugnete nicht nur seinen Herrn, sondern wies die bloße Vorstellung, dass er zu diesem Jesus gehören könnte, empört von sich. „Wieder sagte Petrus: ‚Ich schwöre bei Gott, ich kenne diesen Mann nicht'" (Matthäus 26,74).

Und jetzt schau ihn dir an Pfingsten an, wie er Tausenden von Menschen verkündet: „Gott hat diesen Jesus, den ihr gekreuzigt habt, zum Herrn und Retter gemacht" (Apostelgeschichte 2,36; Hfa). Mutige Worte. Ein Lynchmob wartet nur darauf, dass jemand mit solchen Anschuldigungen um die Ecke kommt. Die gleiche Menschenmenge, die „Kreuzige ihn!" geschrien hat, war durchaus in der Lage, jetzt auch ihn zu kreuzigen.

In fünfzig Tagen vom Feigling zum mutigen Krieger. Was ist passiert?

O ja, das müssen wir unbedingt erfahren. Wir bewundern den Petrus von Pfingsten, aber der Petrus von Ostern ist uns ähnlicher. Wenn wir mit Herausforderungen konfrontiert werden, schrumpeln unsere Überzeugungen, und unsere Entschlossenheit schmilzt dahin. Wir nehmen uns vor, es besser zu machen, aber wir haben doch damit zu kämpfen. Wir machen Versprechungen, können sie aber nicht halten.

Wir beäugen andere Christen und fragen uns: Warum bringt ihr Leben so viel Frucht und meines nicht? Warum ist sein Glaubensleben so kraftvoll und meines fühlt sich so schwach an? Wurden wir nicht vom selben Christus errettet? Lesen wir nicht die gleiche Bibel und versammeln uns unter dem gleichen Kreuz? Warum sind manche von uns wie der Oster-Petrus und andere wie der Pfingst-Petrus? Oder genauer gesagt: Warum bin ich in der einen Woche mal wie der eine und in der nächsten wie der andere?

In seiner letzten Botschaft hier auf der Erde hat Jesus die Antwort darauf verraten. Er wies Petrus und die anderen Jünger an: „Bleibt hier in Jerusalem, bis der Vater euch sendet, was er versprochen hat. Erinnert euch: Ich habe schon mit euch darüber geredet. Johannes hat mit Wasser getauft, doch schon in wenigen Tagen werdet ihr mit dem Heiligen Geist getauft werden" (Apostelgeschichte 1,4–5).

12 Jünger hatten sich versammelt – die Apostel minus Judas plus seinem Ersatz Matthias; Maria, die Mutter von Jesus; seine Brüder Jakobus, Josef, Simon und Judas.[1] Vielleicht war auch Maria aus Magdala dabei? Ganz sicher Johanna, die Frau von Chuza, und Susanna. Die beiden waren Jesus-Nachfolgerinnen und ganz bestimmt Gründungsmitglieder seiner Kirche.

Jesus hatte sie angewiesen, Jerusalem nicht zu verlassen, und so machten sie sich auf den Weg. Und warteten.

Sie wussten nicht, wie lange. Einen Tag? Ein Jahrzehnt? Und sie wussten auch nicht genau, worauf sie warteten. Natürlich auf die Kraft des Heiligen Geistes ... aber in welcher Form, auf welche Art und Weise? Hätten sie sich das, was dann passierte, träumen lassen?

„Am Pfingsttag waren alle versammelt" (Apostelgeschichte 2,1). Der Pfingsttag war einer von drei jüdischen Feiertagen, zu dem alle jüdischen Männer wenigstens einmal in ihrem Leben nach Jerusalem reisen mussten. Viele waren schon mehr als fünfzig Tage vorher eingetroffen und hatten am Passahfest teilgenommen. Sie strömten aus der gesamten damals bekannten Welt zusammen: Juden aus Persien. Meder mit langen, lockigen Bärten und dickem, zu Zöpfen geflochtenem schwarzen Haar. Verarmte Juden aus Arabien in einfachen Gewändern. Stolze Juden aus Rom mit Toga bekleidet. Es ist durchaus möglich, dass die Bevölkerung von Jerusalem in diesen Tagen von 100 000 auf eine Million angestiegen ist.[2] Auf den Märkten konnte man Dutzende verschiedener Dialekte hören. In den Börsen der Händler klingelten Münzen aller möglichen Währungen.

In der Stadt Davids herrschte reges Treiben.

Der göttliche Zeitplan war perfekt. Jetzt, wo Jesus sein Opfer vollbracht hatte und am Kreuz gestorben war. Jetzt, wo das Grab leer war. Jetzt, wo Christus in den Himmel aufgestiegen war und auf seinem himmlischen Thron saß. Jetzt, wo alle Apostel an einem Ort zusammengekommen waren, beteten und auf die Kraft des Heiligen Geistes warteten. Jetzt, wo wenigstens fünfzehn unterschiedliche Nationen in der Stadt versammelt waren ... Jetzt war die Zeit gekommen:

Plötzlich ertönte vom Himmel ein Brausen wie das Rauschen eines mächtigen Sturms und erfüllte das Haus, in dem sie versammelt waren. Dann erschien etwas, das aussah wie Flammen, die sich zerteilten, wie Feuerzungen, die sich auf jeden Einzelnen von ihnen niederließen. Und alle Anwesenden wurden vom Heiligen Geist erfüllt und fingen an, in anderen Sprachen zu sprechen, wie der Heilige Geist es ihnen eingab. Damals lebten in Jerusalem gottesfürchtige Juden aus vielen verschiedenen Ländern. Als sie das Brausen hörten, liefen sie herbei. Bestürzt hörte jeder von ihnen die Versammelten in seiner eigenen Sprache reden (Apostelgeschichte 2,2–6).

Der Heilige Geist kam „plötzlich ... vom Himmel" (Vers 2). Es steht also außer Frage, woher der Geist kam und dass er überraschend kam. Er kam dorthin, wo „sie versammelt waren" (Vers 2). Womöglich eine sanfte Erinnerung daran, dass der Heilige Geist ein Geschenk ist? Lukas hätte ja auch schreiben können: „wo sie beteten", „anbeteten" oder „zu Gott riefen". Aber der Schwerpunkt liegt auf dem souveränen Handeln des Heiligen Geistes und nicht auf der Aktivität der Jünger.

Dann kam „etwas, das aussah wie Flammen", herab, die „sich auf jeden Einzelnen von ihnen niederließen" (Vers 3). „Alle Anwesenden wurden vom Heiligen Geist erfüllt" (Vers 4). Durch den Heiligen Geist konnte jeder von ihnen mit solcher Vollmacht sprechen, dass jeder Anwesende – egal, woher er kam – sie „in seiner eigenen Sprache reden" hörte (Vers 6).

Das muss ein ganz besonderer Augenblick gewesen sein! Andreas verkündete die Gute Nachricht von Jesus vielleicht in der Sprache der Ägypter. Thomas erzählte die Wunder von Jesus im Dialekt von Kappadozien. Maria, die Mutter von Jesus, beschrieb einer Gruppe von Kretern die Geburt von Jesus in deren eigener Sprache.

In diesem Augenblick war die Sprachverwirrung von Babel aufgehoben.

Einige Zuhörer betrachteten das Ganze zynisch und warfen den Jüngern vor, betrunken zu sein. Andere waren völlig erstaunt und fragten: „Was mag das bedeuten?" (Vers 12).

Gute Frage. Überfüllte Stadt. Betende Jünger. Rauschender Wind und Feuerzungen. Fünfzehn Nationen versammelt. Jünger, die wie ausgebildete Dolmetscher bei den Vereinten Nationen in allen möglichen Sprachen redeten. Was konnte das bedeuten?

Zumindest eines: Überzeugungskraft und Verständigung waren die erste Frucht des Heiligen Geistes. Er bevollmächtigte die Jesus-Nachfolger – und tut es heute noch –, die Wunder Gottes in den Herzenssprachen dieser Welt zu verkünden.

Später schenkte der Heilige Geist den ersten Jüngern auch die Fähigkeit, Kranke zu heilen. Er zeigte ihnen, wie man eine Gemeinde leitet. Und dann durften sie sogar Tote auferwecken und Gefängnistüren mithilfe von Gebet öffnen. Aber vor all diesen unglaublichen Wundern stand die vollmächtige Verkündigung. „Ganz einfache Männer [und Frauen] ohne besondere Bildung" (Apostelgeschichte 4,13) waren in der Lage, in Sprachen zu sprechen, die sie nie gelernt hatten, und positiv in Länder hineinzuwirken, in denen sie nie gewesen waren. Feuer fiel vom Himmel und ließ das Eis in etwa 3000 Herzen schmelzen (Apostelgeschichte 2,41).

Und an Gottes Wille für seine Gemeinde hat sich bis heute nichts verändert.

Jesus sagte seinen Nachfolgern: „Wenn ihr verhaftet werdet, macht euch keine Sorgen, was ihr zu eurer Verteidigung sagen sollt, denn Gott wird euch zur rechten Zeit die rechten Worte in den Mund legen. Nicht ihr seid es, die dann reden – nein, der Geist eures Vaters wird durch euch reden" (Matthäus 10,19–20).

Soweit ich weiß, wurde diese Verheißung nie zurückgenommen.

Und diese auch nicht: „Aber wenn der Heilige Geist über euch gekommen ist, werdet ihr seine Kraft empfangen. Dann werdet ihr von mir berichten" (Apostelgeschichte 1,8).

Ich könnte jetzt Billy Graham als Beispiel anführen. Er war der Sohn eines Milchbauern in North Carolina und hat in seinem Leben über einer Milliarde Menschen von Christus erzählt.

Ich könnte Charles Spurgeon nennen. Dieser Londoner Prediger verkündete Gottes Wort im 19. Jahrhundert so machtvoll, dass man seine Predigten auch eineinhalb Jahrhunderte später noch liest.

Ich könnte von Mutter Teresa erzählen. Gerade mal einen Meter fünfzig groß, war sie eine der ganz Großen, wenn es darum ging, von Gott zu erzählen.

Ich könnte Geschichten von solchen Legenden wie Graham, Spurgeon und Mutter Teresa erzählen, aber ich möchte dir lieber von Brenda Jones erzählen.

Sie hatte einen Termin in der plastischen Chirurgie, weil sie gegen Brustkrebs ankämpfte. Bei dieser Beratung ging es um den Wiederaufbau ihrer Brust. Aber sie tat, was sie oft tat: Sie sprach von etwas anderem. Sie wollte dem Arzt erzählen, was Christus für sie getan hatte.

Brenda erkundigte sich, ob sie ihm eine Geschichte erzählen könne. Dr. Pete bejahte höflich. Sie erzählte ihm von ihrer Hoffnung auf den Himmel. Sie erklärte ihm, dass sie nicht sterben wolle, dass der Tod aber für sie nur ein notwendiger Schritt von diesem zum nächsten Leben war.

Pete war fasziniert. Er stand ganz oben auf der Karriereleiter – aber die Leiter stand am falschen Gebäude. Er verschränkte die Arme und hörte zu. Er hörte die Geschichte von dem Gott, der als Kind zur Welt kam, zum Mann heranwuchs und dann zum Opfer für die gesamte Menschheit wurde. „Er ist für Sie gestorben, Herr Doktor", erzählte sie ihm.

Hier sprach eine schwache, schwer kranke Frau mit einem hochgebildeten, landesweit anerkannten Chirurgen und erzählte ihm von seiner Sünde und dass er einen Retter brauchte. Dieses fünfzehnminütige Gespräch veränderte ihn für immer. Kurz darauf habe ich Pete an einem kalten Januartag in einem Außenschwimmbad getauft. (Dieses Buch habe ich Pete – Dr. Pete Ledoux – gewidmet.)

Und dann ist da noch die Geschichte des brasilianischen Pastors Antenor Goncalves. Er hat mehr als zwanzig Jahre in einer brasilianischen Gemeinde in Itu gearbeitet. Ich habe ihn sowohl in Englisch als auch in Portugiesisch predigen hören – und ich hätte ihm stundenlang zuhören können! Aber er hätte nichts zu erzählen, wenn da nicht diese Tafel auf einer Veranda gewesen wäre.

Sein Vater hatte sie jeden Tag auf dem Weg zur Arbeit gesehen. Antenors Vater fuhr mit dem Zug nach São Paulo und ging dann noch drei Kilometer zu Fuß bis zu seinem Büro. Sein Weg führte ihn durch ein bescheidenes Stadtviertel. Ein Hausbesitzer hatte seine kleine Veranda in eine Art Plakatwand verwandelt, indem er eine Tafel daraufstellte. Jeden Morgen schrieb er einen anderen Bibelvers auf diese Tafel. Und Goncalves blieb jeden Morgen dort stehen, um den Bibelvers zu lesen. Stück für Stück sprachen diese unausgesprochenen Worte zu seinem Herzen.

Es waren Worte wie: *„Porque Deus tanto amou o mundo que deu o seu Filho Unigênito, para que todo o que nele crer não pereça, mas tenha a vida eterna“* (João 3,16; Nova Versão Internacional).[3]

Diese Worte faszinierten Goncalves. Eines Tages gewann seine Neugier die Oberhand, oder besser gesagt, der Heilige Geist sprach ihn an, und er klopfte an die Tür des Hauses, auf dessen Veranda die Tafel stand. Die beiden Männer unterhielten sich, und dann folgten eine Einladung zum Gottesdienst und eine Bibelstunde. Schon wenig später kam Goncalves zum Glauben an Gott.

Antenor war damals erst zwei Jahre alt. Gott gebrauchte eine Tafel, um eine Botschaft zu vermitteln, die sein noch junges Leben für immer verändern sollte.

Und er gebrauchte einen Quarterback von der Ersatzbank, um meines zu verändern. Mike und ich spielten in der Highschool in derselben Footballmannschaft. Genauer gesagt, saßen wir auf derselben Ersatzbank. Keiner von uns beiden war gut genug, um es in die Startaufstellung zu schaffen. Ich war der Ersatzspieler des Centers, Mike war der Ersatz-Quarterback. Wir taten, was Ersatzspieler eben so tun: Wir standen am Spielfeldrand.

Und wir taten, was Teenager meistens tun. In unserem Fall war das das Gegenteil von dem, was christliche Jungs getan hätten.

Mike hatte eine Entschuldigung. Er war kein Christ. Ich schon. Aber ich lebte nicht wie einer.

Aber dann geschah etwas. Mike lernte Pam kennen. Und Pam kannte Christus. Mike verliebte sich in Pam. Mike begann, auch Christus zu lieben. Und Mike veränderte sich.

Er behandelte die Menschen anders. Er hatte Frieden mit sich selbst. Er hatte eine fröhliche Nüchternheit. Das fiel mir auf. Zunächst schrieb ich die Veränderung seiner Zuneigung zu Pam zu. Aber selbst als Mike und Pam ihre Beziehung ein- oder zweimal beendeten, veränderte er sich nicht.

Mike sprach nur selten mit mir *über* Jesus. Aber irgendwie sprach er jeden Tag *zu* mir. Er respektierte seine Lehrer. Er war freundlich zu anderen. Er war eine wandelnde Predigt. Ein paar Jahre später, genauer gesagt waren es fünf, ermutigte mich Mikes Vorbild, mich in ähnlicher Weise wie er zu verändern.

Wie können wir den Einfluss dieser Menschen erklären? Ein paar Worte, die an einen Arzt gerichtet werden. Ein Bibelvers auf einer Tafel. Das ansteckende Vorbild eines Freundes. Praktizierten diese Menschen eine hoch entwickelte Argumentationsmethode? Wohl kaum. Es gibt nur eine Erklärung dafür.

Die Verheißung von Pfingsten. Der Heilige Geist verwandelt gewöhnliche Menschen in Menschen mit außergewöhnlichen Kräften.

Jesus erklärte: „Und wenn er [der Heilige Geist] kommt, wird er die Welt von ihrer Sünde ... überzeugen" und „euch in alle Wahrheit leiten" (Johannes 16,8.13). Der Heilige Geist verwandelt unsere Zungen in Feuerzungen. Für den Heiligen Geist hat Kommunikation oberste Priorität. In der Apostelgeschichte wird er 57-mal erwähnt; davon spricht er in 36 Fällen durch jemanden zu jemandem.[4]

Darf der Heilige Geist das auch mit uns machen?

Oder mit dir?

Deine persönliche Geschichte ist etwas ganz Besonderes. Niemand sonst hat genau deine Erfahrung. Niemand sonst in der gesamten Menschheitsgeschichte hat genau den Weg hinter sich, den du gegangen bist. Wärst du bereit, davon zu erzählen?

Der Heilige Geist verwandelt gewöhnliche Menschen in Menschen mit außergewöhnlichen Kräften.

Hier ein Vorschlag: Mach dir deine Eben-Eser-Momente bewusst. Wie wäre es, wenn du in einem Notizbuch deine „Aber Gott"-Momente festhältst? Diese kostbaren Ereignisse in deinem Leben, die nur Gott bewirken konnte.

Das Wort „Eben-Eser" entstammt der Anfangszeit der Israeliten als Nation. Gott hatte sie durch die Befreiung aus Ägypten, durch eine neue Identität und einen Bund mit ihm reich beschenkt. Sie erlebten, dass ihre Feinde von Plagen heimgesucht wurden, heiliges Feuer am Himmel auftauchte, dass sie Manna auf ihren Tellern hatten und ihre Sandalen nie kaputtgingen. Aber dennoch wollten sie sofort nach Ägypten zurückkehren, sobald ein Problem auftauchte. Bei einer Gelegenheit schmolzen sie sogar einen Haufen goldener Ohrringe, gossen daraus ein Kalb und beteten es an.

Echt jetzt?!

Wie schnell sie doch alles vergaßen, was sie mit Gott erlebt hatten.

Aber mit den Jahren entwickelten sie Methoden, um sich an die Ereignisse zu erinnern. Eine davon war der „Eben-Eser-Stein" oder auch „Stein der Hilfe". Nach einem besonders überwältigenden Sieg und einer geistlichen Erneuerung stellten sie als Symbol für Gottes Treue einen Stein auf (1. Samuel 7,12). Dieser Eben-Eser-Stein war eine greifbare Erinnerung an das, was Gott für sie getan hatte. Die Israeliten zeigten ihren Nachbarn und ihren Kindern den Stein, um ihnen von Gottes Treue zu erzählen.

Was sind die Eben-Eser-Momente deines Lebens?

Nicht jeder kann so evangelisieren wie Billy Graham, so schreiben wie Charles Spurgeon oder so für die Armen sorgen wie Mutter Teresa. Aber meinst du nicht, wir könnten alle von unseren „Aber Gott"-Momenten erzählen?

Jesus heilte bei einer Gelegenheit einen geistesgestörten Mann. Dieser hatte in einer Grabhöhle gewohnt und sich selbst mit scharfen Steinen geritzt. Als Jesus ihn von seinem Leid befreit hatte, wollte der Mann Jesus folgen. Aber dieser gab ihm folgende Anweisung: „Geh nach Hause zu deiner Familie und erzähle ihnen, was der Herr für dich getan hat und wie gnädig er gewesen ist" (Markus 5,19).

Gottes Plan lässt sich auf eine einzige Strategie reduzieren: Gewöhnliche Menschen erzählen die außergewöhnliche Geschichte von Jesus mit der außergewöhnlichen Kraft des Heiligen Geistes.

Mit anderen Worten: Mach den Mund auf. Zeig jemandem deinen Eben-Eser-Stein.

Befürchtest du, dass du nicht alles hast, was du dafür brauchst? Dass dir irgendwelche Fähigkeiten fehlen? Dass du nicht die „richtige“ Veranlagung besitzt? Macht nichts. Du hast Gottes Heiligen Geist, und dieser wird dir helfen. Gottes Plan lässt sich auf eine einzige Strategie reduzieren: Gewöhnliche Menschen erzählen die außergewöhnliche Geschichte von Jesus mit der außergewöhnlichen Kraft des Heiligen Geistes.

Menschen wie zum Beispiel Samuel Justin, ein einfacher Prediger aus Indien. Während einer Zeit der Verfolgung und der Angst klopfte die Polizei bei ihm an die Tür. Die Beamten stellten ihm eine Reihe von Fragen, die er beantworten musste. Einer der Beamten zückte sein Notizbuch und zählte einige der Dinge auf, die gerade passierten.

Anschließend wollte er wissen: „Mit welcher Befugnis tun Sie diese Dinge?“ Obwohl Samuel sich in einer beängstigenden Situation befand, öffnete Gott eine Tür. Er griff nach seiner Bibel und las dem Polizisten folgende Bibelstelle vor: „Jesus kam und sagte zu [ihnen]: ‚Mir ist alle Macht im Himmel und auf der Erde gegeben.‘“ Der Beamte machte sich eifrig Notizen über diesen Jesus und seine „Befugnisse“.

Samuel las weiter: „Darum geht zu allen Völkern und macht sie zu Jüngern. Tauft sie im Namen des Vaters und des Sohnes und des Heiligen Geistes.“ Der Polizist schrieb auch die dann folgenden Worte in sein Notizbuch: „... und lehrt sie, alle Gebote zu halten, die ich euch gegeben habe. Und ich versichere euch: Ich bin immer bei euch bis ans Ende der Zeit.“[5]

Der Beamte sagte, er werde diesen Bericht an seine Vorgesetzten weiterleiten und mitteilen, in wessen Auftrag Samuel seine Arbeit verrichtete. Von diesem Zeitpunkt an belästigte die Polizei die Gemeinde nicht länger und beschützte sie sogar, wenn sie die Gute Nachricht verbreitete.[6]

Denke immer daran, in wessen Autorität du wirkst. Bitte Gott um Mut. Predige mit der Kraft, die er dir schenkt. Wenn dich jemand um deinen Rat bittet, dann berate wie jemand, der den Ratschluss des Himmels und den besten Ratgeber kennt: den Heiligen Geist.

Kapitel 12

Freigesetzt

Der Heilige Geist als Gabenschenker

Er ist in die Höhen hinaufgestiegen und hat Gefangene mit sich geführt und den Menschen Gaben geschenkt.
Epheser 4,8

Im August 2005 sah das ganze Land schockiert zu, wie Hurrikan Katrina New Orleans verwüstete. Wer hätte gedacht, dass wir die folgenden Worte jemals in den Nachrichten hören würden: „Heute wurden rund 20 000 Flüchtlinge aus dem Superdome in New Orleans in den Astrodome im texanischen Houston gebracht"?

Ganze Stadtviertel standen meterhoch unter Wasser. Die Bewohner retteten sich auf die Dächer, in der Hoffnung, dort von Hubschraubern gerettet zu werden. Die Einwohner suchten in nahe gelegenen Städten Zuflucht. New Orleans wanderte gewissermaßen nach San Antonio aus, und zwar in Form von 12 500 Evakuierten.

Zufällig war ein guter Freund von mir für unser örtliches Flüchtlingslager zuständig. Eine große Lagerhalle in der Innenstadt wurde in ein Auffanglager umgewandelt. Als ich mit Robert durch das Zentrum ging, verblüffte mich vor allem eines: Jeder freiwillige Helfer hatte eine Aufgabe.

Einige verteilten Decken. Andere gaben belegte Brote aus. Eine Gruppe medizinischer Fachkräfte untersuchte Menschen, die gesundheitliche Probleme hatten. Seelsorger und Pastoren sprachen mit den Menschen, die plötzlich obdachlos geworden waren. Mein Freund gab mir einen Klappstuhl und deutete auf eine lange Schlange verloren dreinschauender Personen. „Mach dich nützlich", sagte er. „Bete und hör zu."

Und genau das tat ich.

Als ich über eine der schönsten, bewegendsten, aber auch umstrittensten Metaphern für den Heiligen Geist nachdachte – der Gabenschenker –, hatte ich das Bild dieser Lagerhalle vor Augen. Denn mir scheint, die gesamte Welt ist traumatisiert.

Viel zu viele Menschen wissen nicht, warum sie auf der Welt sind oder wo sie nach ihrem Tod einmal hingehen. Wir leben in einer Zeit, in der die Menschheit zwar sehr viel Wissen besitzt, aber sehr wenig Sinn. Der unsichtbare Feind namens Sünde und Säkularismus hat uns betäubt und verwirrt. Mitten in all dem Schutt steht jedoch Gottes Auffanglager, die Gemeinde. Wir bieten einen Zufluchtsort für verletzte Menschen, einen sicheren Hafen, in den sie sich vor dem Sturm flüchten können. Jeder von uns hat eine Aufgabe, und wenn wir zusammenarbeiten, finden die Heimatlosen ein neues Zuhause. Und hinter allem steckt der Heilige Geist, der all das überwacht.

Und das tut er, indem er Geistesgaben verteilt. „Jedem von uns wird eine geistliche Gabe zum Nutzen der ganzen Gemeinde gegeben.... Dies alles bewirkt aber ein und derselbe Heilige Geist, indem er diese Gaben zuteilt und allein entscheidet, welche Gabe jeder Einzelne erhält" (1. Korinther 12,7.11).

Der Heilige Geist ist der größte Geschenkemacher überhaupt. Er stattet seine Kinder mit übernatürlichen Fähigkeiten aus, die Gott die Ehre geben, ein Segen für Menschen in Not sind und die Gemeinde stärken. Wäre es nicht unglaublich tragisch, wenn du nicht wüsstest, was deine ganz spezielle Aufgabe ist? Zumindest war der Apostel Paulus dieser Meinung.

> *Und nun, liebe Freunde, komme ich auf die besonderen Fähigkeiten zu sprechen, die der Geist jedem von uns schenkt, denn offenbar ist es in dieser Sache zu Missverständnissen unter euch gekommen. ... Nun gibt es verschiedene geistliche Gaben, aber es ist ein und derselbe Heilige Geist, der sie zuteilt. In der Gemeinde gibt es verschiedene Aufgaben, aber es ist ein und derselbe Herr, dem wir dienen. Gott wirkt auf verschiedene Weise in unserem Leben, aber es ist immer derselbe Gott, der in uns allen wirkt. Jedem von uns wird eine geistliche Gabe zum Nutzen der ganzen Gemeinde gegeben* (1. Korinther 12,1.4–7).

Christus macht seiner Gemeinde Geschenke und der Heilige Geist ist der offizielle Auslieferer. Die Gaben sind zwar ganz unterschiedlicher Natur, aber ihr Ziel ist immer das gleiche: Sie sollen das Beste für die Gemeinschaft bewirken. Das hatten die Korinther offenbar aus den Augen verloren. Stattdessen führten die Geistesgaben bei ihnen zu Spaltungen in der Gemeinde. Einige prahlten mit ihren Gaben. Andere waren neidisch. Alle waren verwirrt. Also versuchte Paulus, die Sache zu klären, indem er einige mögliche Gaben beschrieb.

> *Dem einen gibt der Geist also die Fähigkeit, guten Rat zu erteilen, einem anderen verleiht er die Gabe besonderer Erkenntnis. Dem einen schenkt er einen besonders großen Glauben, dem anderen die Gabe, Kranke zu heilen – das alles bewirkt der eine Geist. Dem einen Menschen verleiht*

Der Heilige Geist ist der größte Geschenkemacher überhaupt. Er stattet seine Kinder mit übernatürlichen Fähigkeiten aus, die Gott die Ehre geben, ein Segen für Menschen in Not sind und die Gemeinde stärken.

er Kräfte, dass er Wunder tun kann, einem anderen die Fähigkeit zur Prophetie. Wieder ein anderer wird durch den Geist befähigt zu unterscheiden, ob wirklich der Geist Gottes oder aber ein anderer Geist spricht. Und dem einen gibt der Geist die Gabe, in anderen Sprachen zu sprechen, während er einen anderen befähigt, das Gesagte auszulegen. Dies alles bewirkt aber ein und derselbe Heilige Geist, indem er diese Gaben zuteilt und allein entscheidet, welche Gabe jeder Einzelne erhält (1. Korinther 12,8–11).

Ein paar Dinge solltest du im Hinterkopf behalten, wenn du diese Bibelstelle noch einmal liest:

Keine Gabenliste ist vollständig. Im Neuen Testament finden wir mindestens fünf solcher Aufzählungen: 1. Korinther 12,8–10, 1. Korinther 12,28–30, Römer 12,6–8, Epheser 4,11–12 und 1. Petrus 4,10–11. Es war jedoch nicht die Absicht der Apostel, in irgendeinem dieser Briefe eine komplette Liste aller möglichen Geistesgaben zu erstellen. Das zeigt sich schon daran, dass keine dieser Listen deckungsgleich ist. Die Verfasser der Briefe liefern einfach nur Beispiele dafür, auf welche Art und Weise der Heilige Geist wirkt.

Man bekommt nicht alle Gaben automatisch, wenn man Gott das eigene Leben anvertraut. Wenn man alle seine Gaben bei der eigenen Lebenswende bekommen würde, hätte Paulus keinen Grund gehabt, den Korinthern zu schreiben: „Aber bemüht euch auch um die besonderen Gaben, die der Geist zuteilt" (1. Korinther 14,1). Das Aufregende an einem Leben mit dem Heiligen Geist ist, dass wir davon ausgehen können, auch später noch mit neuen Gaben und Fähigkeiten ausgerüstet zu werden.

Geistesgaben sind genau das: Gaben. Wenn der Apostel Paulus von „Geistesgaben" spricht, gebraucht er im Original fast immer das griechische Wort *Charisma* oder *Charismata*. Ein *Charisma* ist im wahrsten Sinne des Wortes ein Geschenk. Du empfängst es, aber du hast es nicht verdient, und du kannst es dir ganz sicher nicht erarbeiten. Wir haben es allein der Gnade Gottes zu verdanken, dass der Heilige Geist den Gläubigen übernatürliche Befähigungen schenkt.

Geistesgaben sind kein Maßstab für geistliche Reife. In der Gemeinde in Korinth gab es alle möglichen Geistesgaben (1. Korinther 1,4–8), aber das Verhalten der Menschen war wenig christlich. Sie scharten sich um bestimmte Persönlichkeiten (1,10–17; 3,1–23), ließen unmoralisches Verhalten zu (5,1–13), prozessierten gegeneinander (6,1–11), „verdrehten" den Sinn des Abendmahls (11,17–34) und nutzten den Gottesdienst zur Selbstdarstellung (12–14). Gaben erfordern geistliche Reife, damit man sie weise einsetzt.

Natürliche Begabungen und Geistesgaben sind nicht immer identisch. Mit unseren natürlichen Begabungen setzen wir persönliche Anliegen durch; mit den Geistesgaben bringen wir Gottes Anliegen voran. Es kann durchaus sein, dass es sich bei deinen Geistesgaben um deine angeborenen Stärken handelt, die aber für Gott und seine Anliegen eingesetzt werden. Paulus war zum Beispiel schon vor seiner eindrucksvollen Lebenswende ein großer Lehrer. Auf der Straße nach Damaskus hat Christus diese Gabe dann gewissermaßen für seine Ziele eingefordert. Wenn du Menschen geleitet hast, bevor du Gott kennengelernt hast, wirst du das wahrscheinlich auch als Jesus-Nachfolger noch tun. Andererseits könnte dir der Heilige Geist aber auch eine ganz neue Gabe schenken. Worauf es wirklich ankommt, ist:

Geistesgaben sind dazu da, Christus zu verherrlichen, die Gemeinde aufzuerbauen und ein Segen für Menschen in

Not zu sein. Die Gaben sind nicht zur persönlichen Bereicherung und Beweihräucherung gedacht. Sie dienen dazu, die Gemeinde aufzubauen.

Meine vierjährige Enkelin Rosie erzählte mir kürzlich eine Neuigkeit. „Papa Max, ich kann jetzt die zweite Stimme singen."

„Das ist ja toll", antwortete ich, „dann lass uns mal zusammen singen."

„Nein", wehrte sie ab, „ich möchte die zweite Stimme allein singen."

Eines Tages wird sie verstehen, dass die Stimmen in einem Chor sich gegenseitig ergänzen. Und die Gemeinde muss das auch lernen. Der Heilige Geist hat jedem von uns im wunderbaren Lied der Gnade eine Stimme zugeteilt. Aber wir wurden nicht dafür erschaffen, dieses Lied ganz allein zu singen. Erst wenn wir alle unsere Gaben zusammenbringen, entsteht ein wunderbarer Klang. Zu diesem Zweck ging Paulus ausführlich auf die unterschiedlichen Arten von Gaben und den richtigen Umgang damit ein.

Die Geistesgaben lassen sich folgendermaßen kategorisieren:[1]

Die Gabe der Einsicht. „Dem einen gibt der Geist also die Fähigkeit, guten Rat zu erteilen, einem anderen verleiht er die Gabe besonderer Erkenntnis" (1. Korinther 12,8).

Die Gabe der Weisheit ermöglicht es, zum richtigen Zeitpunkt den richtigen Rat zu geben, der genau zur Situation passt.

Vor vielen Jahren nahm ich an einer Pastorenkonferenz teil. Einer der Redner war ein erfahrener Professor. Als ich mit ihm eines Tages beim Abendessen am selben Tisch saß, bat er etwas unerwartet um die Aufmerksamkeit der jungen Pastoren.

Der Heilige Geist hat jedem von uns im wunderbaren Lied der Gnade eine Stimme zugeteilt. Aber wir wurden nicht dafür erschaffen, dieses Lied ganz allein zu singen. Erst wenn wir alle unsere Gaben zusammenbringen, entsteht ein wunderbarer Klang.

„Ich habe eine Botschaft von Gott für Sie: Opfert niemals eure Familie auf dem Altar des Dienstes.“ Nachdem er diese Worte gesagt hatte, wandte er sich wieder seinem Essen zu. Das war alles – aber dennoch habe ich diese Mahnung nie vergessen. Der Heilige Geist hatte ihm ein Wort der Weisheit geschenkt und er hatte uns damit gesegnet.

Vielleicht will er durch dich auf eine ähnliche Weise handeln. Wenn du das Gefühl hast, dass Gott dir eine wichtige Botschaft aufs Herz gelegt hat, dann gib sie weiter! Geh nicht davon aus, dass die anderen das auch schon wissen. Es könnte gut sein, dass Gott der Gemeinde durch dich eine wichtige Wahrheit vermittelt.

Die Gabe der Erkenntnis beinhaltet, dass jemand eine Information bekommt, die er oder sie ausschließlich durch den Heiligen Geist erfahren kann. Als Jesus zu der Samariterin am Brunnen sagte, dass sie mit einem Mann zusammenlebe, mit dem sie nicht verheiratet sei, und dass sie vorher schon mit fünf anderen Männern verheiratet gewesen war, war das ein Wort der Erkenntnis (Johannes 4,17–18).

Zu dieser Kategorie gehört auch die **Gabe der Unterscheidung der Geister** (1. Korinther 12,10). Der Apostel Paulus nutzte diese Gabe einmal in einer Stadt namens Philippi. Die Besitzer eines Sklavenmädchens verdienten Geld damit, dass sie wahrsagen konnte. „Paulus war schließlich so aufgebracht, dass er sich umdrehte und zu dem Dämon in ihr sagte: ‚Ich befehle dir im Namen von Jesus Christus, aus ihr auszufahren.‘ Und augenblicklich verließ er sie“ (Apostelgeschichte 16,18).

Meine Frau hat diese Gabe ebenfalls. Neulich schlenderten wir durch die Innenstadt, als sie ein Schild entdeckte, das die Menschen einlud, sich aus der Hand lesen zu lassen. Sie blieb stehen, starrte auf die Tür und verkündete dann: „Herr

Jesus, schließe dieses Geschäft!“ Ich bin noch nicht wieder zurückgegangen, um nach dem Laden zu sehen, aber ich würde dringend davon abraten, in dieses Geschäft zu investieren.

Neben den Gaben der Einsicht erwähnt Paulus auch noch:

Die Gaben der Stärke. „Dem einen schenkt er einen besonders großen Glauben, dem anderen die Gabe, Kranke zu heilen – das alles bewirkt der eine Geist. Dem einen Menschen verleiht er Kräfte, dass er Wunder tun kann…“ (1. Korinther 12,9–10).

Die **Gabe des Glaubens** zu besitzen bedeutet, eine Art übernatürliches, ansteckendes Vertrauen zu haben. Der Heilige Geist tröstet durch solche Person die Leidtragenden und segnet die Ängstlichen.

Die **Gabe der Heilung** beinhaltet, dass der Heilige Geist andere durch das Gebet des Betreffenden wieder gesund macht. Dabei kann es um körperliche oder seelische Heilung gehen oder auch um die Wiederherstellung von Beziehungen, aber das Ganze ist immer ein übernatürlicher Prozess.

Und dann ist da noch **die Gabe, Wunder zu vollbringen**. Gott verändert Umstände. Wenn jemand einen finanziellen Absturz erlebt hat, kann Gott ihm neuen Reichtum schenken. Er kann das verhärtete Herz des Ehepartners erweichen. Er kann eine Tür in ein verschlossenes Land öffnen. Er ist ein Gott, der Wunder tut, und dabei handelt er auch oft durch Menschen, die sich ihm zur Verfügung stellen.

Zur dritten Gabenkategorie gehören die…

Gaben der Verkündigung. „… einem anderen die Fähigkeit zur Prophetie. … Und dem einen gibt der Geist die Gabe, in anderen Sprachen zu sprechen, während er einen anderen befähigt, das Gesagte auszulegen“ (1. Korinther 12,10).

Zwei Kapitel später erklärt Paulus die Bedeutung der Gabe der Prophetie. „Wer dagegen prophetisch redet, der hilft anderen, im Glauben an den Herrn zu wachsen, und er ermutigt und tröstet sie“ (1. Korinther 14,3). **Prophetisch zu reden** heißt, andere aufzuerbauen und zu ermutigen. Ein Prophet sagt vielleicht die Zukunft voraus, aber auf jeden Fall sagt er gute Nachrichten vorher. Für Paulus war das die wichtigste Gabe – aber nicht, weil der Prophet wichtiger ist als andere Jesus-Nachfolger, sondern weil die Aufgabe von so grundlegender Bedeutung ist (1. Korinther 14,1).

In anderen Sprachen zu sprechen und *das Gesagte auszulegen,* sind großartige, aber oft umstrittene Gaben. Im Neuen Testament werden zwei Arten von **Sprachenrede** beschrieben.

Die erste zeigte sich an dem Tag, als die Gemeinde ins Leben gerufen wurde. An jenem Tag hörten Menschen aus mindestens fünfzehn verschiedenen Ländern die Apostel in ihrer jeweiligen Muttersprache sprechen. „... und doch hören wir sie in den Sprachen der Länder sprechen, in denen wir geboren wurden!“ (Apostelgeschichte 2,8). Gott möchte, dass seine Einladung an die Menschen in allen Sprachen verkündigt wird, und er unternimmt alles, um das zu erreichen.

Als Paulus an die Korinther schrieb, bezog er sich auf eine andere Art der Sprachenrede. Er schrieb: „Denn wem die Gabe geschenkt wird, in anderen Sprachen zu reden, der spricht zu Gott, aber nicht zu Menschen, weil ihn niemand versteht. Er redet durch die Kraft des Geistes, aber es sind Geheimnisse, die er ausspricht“ (1. Korinther 14,2). Diese Sprache wird nur von Gott, aber nicht von den Menschen verstanden (Verse 2 und 28). Um diese Botschaft zu verstehen, bräuchte es jemanden mit der Gabe der Auslegung.

Der Apostel Paulus besaß diese Gabe. Er gab uns einen Einblick in sein Gebetsleben, als er schrieb:

Deshalb sollten alle, die die Gabe haben, in anderen Sprachen zu reden, auch um die Gabe der Auslegung beten, damit sie den Leuten erklären können, was gesagt wurde. Denn wenn ich in Sprachen bete, betet mein Geist, aber ich verstehe nicht, was ich rede. Was soll ich also tun? Ich werde beides tun. Ich werde im Geist beten, und ich werde in Worten beten, die ich verstehe. Ich werde im Geist singen, und ich werde in Worten singen, die ich verstehe (1. Korinther 14,13–15).

Paulus konnte auf zweierlei Weisen beten: Er konnte im Geist beten und mit dem Verstand (Vers 15). Beides ist wertvoll. Er betete so oft in anderen Sprachen, dass er einer Gemeinde, in der diese Gabe hoch angesehen war, sagen konnte, dass er häufiger in anderen Sprachen betete als sie alle (Vers 18). Aber im öffentlichen Gottesdienst wollte er „lieber fünf verständliche Worte [sprechen], die anderen helfen, als zehntausend Worte in einer anderen Sprache“ (Vers 19). Doch er selbst praktizierte nicht nur eine Form des Gebets, und er wies auch die Gemeinden nicht an, nur eine Form zu praktizieren. Der Apostel wollte die Praxis des Sprachengebets kanalisieren, nicht schlechtmachen.

An dieser Stelle möchte ich dir einmal eine Frage stellen: Wie wirkt dieses Kapitel über die Geistesgaben auf dich? Wirkt es ein bisschen – wie soll ich es nennen – *übernatürlich*? Das sollte es auch! Die Gemeinde ist die übernatürliche Ausdrucksform Gottes auf diesem Planeten. Er handelt auf eine Weise, die unsere Möglichkeiten übersteigt. Lasst uns dieses geheimnisvolle himmlische Wirken in der Gemeinde willkommen heißen.

Ich bin jetzt seit über vierzig Jahren im Dienst tätig und fest davon überzeugt: Wir haben nicht das Zeug, diese kaputte Welt zu heilen. Wir können Dienste ins Leben rufen, Mitarbeiter ausbilden und tolle Gemeindehäuser bauen. Aber all das würde ich sofort eintauschen gegen einen Tropfen vom Heiligen Geist.

Wir brauchen seine Hilfe.

Eine der größten Tragödien des letzten Jahrhunderts war die Spaltung der Christen, als es um die Frage nach der Existenz der Geistesgaben ging, wie zum Beispiel Sprachengebet und Wunder. Viele engagierte, überzeugte Christen vertreten die Meinung, dass diese mächtigen Gaben mit dem Tod der Apostel aufgehört haben zu existieren. Ich kenne die Argumentationen nur allzu gut. Ich war selbst einer von ihnen.

In den ersten zehn Jahren meines Dienstes habe auch ich gelehrt, dass die spektakulären Gaben nur dazu da waren, die Kirche gewissermaßen „in Gang" zu bringen. Sie wurden durch die Apostel ausgeteilt und hörten auf, als die Kirche etabliert, die Bibel geschrieben und die Apostel im Himmel waren.

Als ich Mitte dreißig war, änderten sich meine Ansichten langsam. Ich beschäftigte mich mit der Frage, wann die Verfasser des Neuen Testaments je gesagt hatten, dass bestimmte Gaben verschwinden würden, wenn die Bibel fertig geschrieben ist. Ich konnte keinen Hinweis darauf finden. Vielmehr laden sie uns ein, uns um die Geistesgaben zu bemühen und anderen nicht zu verbieten, das Reden in anderen Sprachen zu praktizieren (1. Korinther 14,1.39).

Was ist mit der Auffassung, dass nur die Apostel diese Gaben verteilten und die Wunder deshalb mit ihrem Tod aufhörten? Auch dafür finden wir keinen Beleg. Im Gegenteil, wir können nachlesen, dass Hananias, der kein Apostel war, Saulus mit dem Heiligen Geist segnete (Apostelgeschichte 9). Und wenn nur die Apostel diese Gaben verschenken konnten, warum wird dann in der Apostelgeschichte nicht berichtet, dass alle Apostel von Gemeinde zu Gemeinde gereist sind und so vielen wie möglich die Hände aufgelegt haben?

Im Übrigen gehen wir ja auch nicht davon aus, dass die „gewöhnlicheren“ Gaben wie Leiten und Dienen mit den Aposteln „gestorben“ sind. Ist es nicht etwas seltsam, wenn man annimmt, dass die Gabe der Gastfreundschaft noch existiert, die Gabe des Sprachengebets aber nicht? Paulus hat in seinen Briefen klar und deutlich gesagt, dass er davon ausgeht, dass die Geistesgaben bis zur Rückkehr von Jesus weiter vorhanden sein und eingesetzt werden: „... sodass ihr mit allen geistlichen Gaben gesegnet seid, während ihr sehnsüchtig auf die Rückkehr von Jesus Christus, unserem Herrn, wartet“ (1. Korinther 1,7).

Am überzeugendsten ist (zumindest für mich) die Tatsache, dass der Heilige Geist beschlossen hat, mich mit einigen jener Gaben zu beschenken, die ich früher abgelehnt habe. Er hat Menschen durch mein Gebet geheilt. Ich weiß gar nicht mehr, wie viele kinderlose Ehepaare Kinder bekommen haben, nachdem ich für sie gebetet hatte. Offenbar habe ich einen „Schwangerschafts-Dienst“.

Ich habe auch „Worte der Weisheit“. Oft bekomme ich beim Predigen den Eindruck, dass ich noch einen bestimmten Punkt anfügen oder besonders hervorheben sollte. Mittlerweile rechne ich schon damit, dass hinterher jemand zu mir sagt: „Dieser Punkt hat mich wirklich angesprochen.“

Eine der überraschendsten Gaben habe ich erst mit 64 Jahren bekommen. Ich hatte Gott mehrere Monate lang gebeten, mich stärker mit dem Heiligen Geist zu erfüllen. Ich bat ihn, nichts zurückzuhalten, sondern alle Gaben, die er jemals für mich vorgesehen hatte, über mir auszugießen. An einem Sommermorgen, frühmorgens, als es noch dunkel war und ich auf unserer Veranda saß und betete, erlebte ich plötzlich, dass er mich mit einer himmlischen Gebetssprache beschenkte. Tief aus meinem Inneren flossen Laute, stakkatoartige Silben. Ich verspürte ein Gefühl der Freude und Anbetung. Diese vertraute Nähe erlebe ich seither jeden Morgen, ja sogar mehrmals am Tag. Ich kann jederzeit damit anfangen. Und ich kann jederzeit damit aufhören. Aber das will ich gar nicht.

Diese Gabe macht mich nicht bedeutsamer oder auch nur „besonders". Ich leuchte deshalb nicht im Dunkeln und schwebe auch nicht über den Bäumen. Vielmehr musste ich innerlich lachen bei der Vorstellung, dass der Geist mir beim Beten hilft, weil meine eigenen Gebete so zerfasert sind. Ich heiße seine Hilfe willkommen.

Und ich heiße die regelmäßige Erinnerung daran willkommen, dass unser Gott im Übernatürlichen wohnt. Das Unsichtbare und Übernatürliche sind sein täglich Brot.

Donald Barnhouse, ein anerkannter Pastor und Wissenschaftler, hat an der Theologischen Fakultät der Princeton University studiert. Zwölf Jahre nach seinem Abschluss wurde er eingeladen, im dortigen Gottesdienst zu predigen. Vor der eigenen Universität zu sprechen ist schon schwer genug, aber sein Hebräischprofessor erschwerte es ihm noch zusätzlich, indem er sich in die erste Reihe setzte. Nach der Predigt gratulierte der Professor Barnhouse zu seiner guten Predigt und ließ ihn dann mit folgenden sehr interessanten Worten stehen:

> *„Ich bin froh, dass du an einen großen Gott glaubst. Wenn meine Studenten hierher zurückkehren, komme ich immer, um zu sehen, ob sie an einen großen oder einen kleinen Gott glauben. Dann weiß ich, wie ihr Dienst sein wird." Barnhouse bat ihn um eine Erklärung.*
>
> *„Nun, manche Männer glauben an einen kleinen Gott*

und dieser bereitet ihnen ständig Schwierigkeiten. Er kann keine Wunder vollbringen. Er kann keine Inspiration schenken und nicht dabei helfen, den Zuhörern die Bibel näherzubringen. Er greift nicht ein, um seinem Volk zu helfen. Sie haben einen kleinen Gott und deshalb nenne ich sie gern Kleingläubige.

Und dann gibt es die, die einen großen Gott haben. Er spricht und es geschieht. Er befiehlt und es ist da. Er macht sich stark für diejenigen, die ihn fürchten.

Du, Donald, hast einen großen Gott und er wird deinen Dienst segnen." Er hielt einen Augenblick inne, lächelte und sagte dann: „Gott segne dich", und ging.[2]

Wir haben einen großen Gott. Der Heilige Geist leitet die Gemeinde auf außergewöhnliche Weise. Was würde passieren, wenn jeder Glaubende seine Geistesgaben entdecken und einsetzen würde? Was würde passieren, wenn jeder von uns der Wegweisung des Heiligen Geistes folgen würde?

Folge doch auch in dieser Hinsicht Paulus' Anweisung: „Seid nicht unwissend, was die Geistesgaben angeht."

Welche Geistesgaben hat Gott dir geschenkt? Er hat dich nicht auf diese Erde gestellt, damit du dein Leben mit Aufgaben „vergeudest", die nicht deinen Stärken entsprechen. „Beurteile genau, wer du bist und welche Aufgabe dir gegeben ist, und dann vertiefe dich dahinein" (Galater 6,4; The Message).

Vor einigen Jahren habe ich einmal eine Parabel über einen sterbenden Vater und seine drei Söhne gehört. Der Vater hatte sein gesamtes Leben damit verbracht, ein Unternehmen aufzubauen, und nun war es Zeit, einem seiner Söhne die Leitung zu übergeben. Aber welchem? Der Vater fasste einen Plan. Er rief seine Söhne an sein Bett und gab jedem einen 1-Dollar-Schein mit folgender Anweisung: „Kauft davon etwas, das dieses Zimmer ausfüllt. Demjenigen, der damit den meisten Raum einnimmt, vertraue ich die Firma an."

Jeder der jungen Männer befolgte die Anweisung. Der erste kam mit zwei Ballen Heu zurück, die er für fünfzig Cent das Stück gekauft hatte. Diese bedeckten den Boden des Zimmers. Der zweite brachte zwei Federkissen, schnitt sie auf und ließ die Federn durch die Luft wirbeln. Der Vater war erfreut, aber noch nicht zufrieden. Er wandte sich an seinen dritten Sohn und fragte: „Was hast du mit dem Dollar gemacht?"

Der junge Mann hatte nichts in der Hand und erklärte: „Ich habe fünfzig Cent an ein Waisenhaus gespendet, zwanzig Cent an eine Kirche und zwanzig Cent an eine Suppenküche."

Einer seiner Brüder wandte ein: „Aber er hat nichts getan, um das Zimmer zu füllen."

„Doch, das habe ich", erklärte der Sohn. „Ich habe meine letzten zehn Cent für zwei Dinge ausgegeben." Er griff in seine Tasche und holte eine Streichholzschachtel und eine Kerze heraus. Er zündete die Kerze an und machte das Licht aus. Die Kerze erfüllte den ganzen Raum – nicht mit Heu oder Federn, sondern mit Licht.

Womit erfüllst du deine Welt?

Kapitel 13

Lebensatem für trockene Knochen

Der Heilige Geist als Lebensatem

... der Geist Gottes macht lebendig.
2. Korinther 3,6 (NGÜ)

Wir waren noch nicht ganz Teenager. Gerade erst waren wir auf die weiterführende Schule gewechselt. Wir hatten noch keinen Bartwuchs, aber Pickel, waren ein bisschen schlaksig und hätten wahrscheinlich mehr Disziplin gebrauchen können. Wir drei bildeten die gesamte Sonntagsschulklasse in unserer Kirchengemeinde. Unser Jugendleiter dachte sich etwas aus, das uns vermutlich helfen sollte, unsere Führungsqualitäten weiterzuentwickeln.

Wir besuchten sonntagabends ältere Menschen, die nicht mehr zum Gottesdienst kommen konnten. Wir nannten sie die „Eingeschlossenen“. Gesundheitliche Probleme und das Alter allgemein sorgten einfach dafür, dass sie zu Hause „eingesperrt“ waren und ihre Räumlichkeiten nicht mehr verlassen konnten.

Die meisten unserer Besuche fanden in einem kleinen und sehr unangenehm riechenden Genesungsheim am Rand unserer kleinen Stadt statt. Die Patienten schienen sich zu freuen, den Gemeindediakon und seine jungen Schüler zu sehen. Das Ganze hatte einen einfachen Ablauf: Wir stellten uns im Halbkreis am

Fußende jedes Bettes auf. Unser Lehrer hielt eine kurze Andacht. Einer von uns las die Bibelstelle vor. Ein anderer sprach ein Gebet. Falls gewünscht, sangen wir noch ein Lied. Und wir teilten das Abendmahl aus – wir waren mit einer kleinen Kiste voll Oblaten, Traubensaft und kleinen Bechern unterwegs.

Jungs träumen davon, so ihren Sonntagabend zu verbringen, oder?

Aber dann kam die Sache mit dem schlafenden Opa. Ich weiß nicht mehr, warum unser Lehrer nicht bei uns war. Ich weiß aber noch, dass wir allein unterwegs waren. Jemand hatte uns am Eingang des Genesungsheimes abgeladen. Wir verteilten die Aufgaben: Einer übernahm das Gebet, ein anderer die Bibellese und für mich blieb die Kiste mit den Abendmahlssachen übrig.

Wir waren die protestantische Ausgabe katholischer Ministranten.

Alles ging gut, bis wir zu dem schlafenden Mann kamen. Er lag auf dem Rücken in seinem Bett und sein Mund war weit geöffnet. Der Fernseher war schon laut, aber sein Schnarchen war noch lauter. „Sir", sagten wir. Keine Reaktion. Einer von uns berührte seine Schulter. Ein anderer schüttelte ihn. Er schnaufte nur kurz.

Wir kamen nicht auf den Gedanken, eine Schwester um Hilfe zu bitten. Das Weite zu suchen kam nicht infrage. Wir konnten uns vor unserer Aufgabe nicht drücken.

Also erfüllten wir unsere Pflicht, während der Fernseher vor sich hinplärrte und der alte Mann schnarchte. Gebet. Bibellese, und dann war ich dran. Meine Freunde sahen mich an. Ich sah den Mann an. Sein Gesicht war eingefallen, sein Haar grau, und sein Mund stand weit offen.

Ich tat das Einzige, das mir in diesem Augenblick in den Sinn kam: Ich legte eine Oblate auf seine Zunge und spülte sie mit dem Traubensaft hinunter. Dann drehten wir uns um und verließen hastig das Zimmer. Er schlief die ganze Zeit.

Uns geht es oft ähnlich: Unsere Spiritualität wird schläfrig. Lebendigkeit weicht der Lethargie. Unsere Begeisterung lässt nach und wir schlafen geistlich gesehen allmählich ein. Ich spreche hier nicht von hartherzigen, rebellischen oder zynischen Menschen, die Gott sowieso ablehnen. Ich spreche von den engagierten Christinnen und Christen, die irgendwann eine Wüstenzeit durchmachen, deren Liebe nachlässt – die sich einfach nicht mehr richtig mit Gott verbunden fühlen.

Vielleicht spreche ich ja von dir.

Wenn das so ist, habe ich eine gute Nachricht für dich.

Die größte Kraft der Erde steht dir zur Verfügung, sie will dir helfen. „Es ist der Geist, der lebendig macht" (Johannes 6,63). Jesus hätte den Auftrag des Heiligen Geistes kaum klarer in Worte fassen können. Als die Dreieinigkeit die Aufgaben unter sich aufteilte, die die Menschen betrafen, wählte der Vater Schutz und Versorgung, der Sohn nahm die Errettung und der Heilige Geist? Er entschied sich dafür, Leben zu schenken.

Leben! Unverwüstliches Leben voller Freude und Hoffnung. Und brauchen wir nicht genau das?

Der Heilige Geist will es uns schenken.

Du willst einen Beweis dafür?

Darf ich dir Hesekiel vorstellen? Er war ein radikaler Prophet, der genau sah, was zu seiner Zeit vor sich ging – deshalb war er im 6. Jahrhundert vor Christus ein Dorn im Fleisch des Volkes Israel. Er ermahnte die Israeliten immer wieder, sich von den fremden Göttern ab- und ihrem Gott zuzuwenden (Hesekiel 14,6). Doch sie hörten nicht auf ihn. Infolgedessen wurde das Volk 587 v. Chr. von den Babyloniern erobert. Jerusalem wurde geplündert und der prächtige Tempel zerstört.

Stell dir mal vor, wie es wäre, wenn die Hauptstadt deines Heimatlandes in Schutt und Asche liegen würde! Die ach so stolzen Israeliten wurden aus ihrer Heimat ins babylonische Exil verschleppt. Dort verkündeten sie: „Unsere Knochen sind vertrocknet, für uns gibt es keine Hoffnung mehr, es ist zu Ende mit uns“ (Hesekiel 37,11).

Auch der Psalmist konnte nur noch klagen: „An den Flüssen Babylons saßen wir und weinten, wenn wir an Jerusalem dachten“ (Psalm 137,1) und: „... wie können wir in einem fremden Land die Lieder des Herrn anstimmen?“ (Vers 4).

Das Exil war eine Katastrophe.

Aber Gott hatte einen anderen Plan. Das Volk hatte Gott zwar den Rücken gekehrt, aber Gott hatte sich zu keinem Zeitpunkt von ihnen abgewendet. Deshalb gab er den Israeliten ein Versprechen:

> *„Denn ich hole euch aus den Völkern und sammle euch aus allen Ländern und bringe euch in euer Land zurück. Dann gieße ich reines Wasser über euch aus, und ihr werdet rein sein. Von allen euren Unreinheiten und von allen euren Götzen werde ich euch reinigen. Und ich werde euch ein neues Herz geben und euch einen neuen Geist schenken. Ich werde das Herz aus Stein aus eurem Körper nehmen und euch ein Herz aus Fleisch geben. Und ich werde euch meinen Geist geben, damit ihr nach meinem Gesetz lebt und meine Gebote bewahrt und euch danach richtet. Und ihr sollt in dem Land leben, das ich euren Vorfahren gegeben habe. Ihr werdet mein Volk sein, und ich will euer Gott sein“* (Hesekiel 36,24–28).

Fällt dir auf, wer bei dieser Rettungsaktion die aktive Rolle spielt? Gott! Gott wird retten. Gott wird sammeln. Gott wird reinigen. Er wird dem Volk ein neues Herz geben und, was noch viel wichtiger ist, seinen Geist, damit sie zu Menschen werden, die seine Gebote befolgen.

Das ist eine erstaunliche Zusage, oder? Hesekiel fand das auch. Und deshalb folgt dann ein kleiner Ausflug:

> *Die Hand des Herrn kam über mich, und der Geist des Herrn führte mich hinaus und trug mich in ein Tal, das mit Totengebeinen angefüllt war. Er führte mich an ihnen vorbei. Sehr viele Knochen bedeckten dort den Boden des Tals, und sie waren völlig vertrocknet* (Hesekiel 37,1–2).

Das Tal der Toten. Dort gab es kein Leben. Dort spielten keine Kinder, es gab keine Liebespärchen, keine Straßenmusiker, und niemand tanzte. Es lagen nur Knochen herum. Vertrocknete Knochen.

„Menschenkind, können diese Gebeine wieder lebendig werden?“ (Vers 3), wollte Gott dort von ihm wissen.

Was für eine Frage!

Ich war noch nie in einem solchen Tal. Aber ich habe schon im Flugzeug neben jemandem gesessen, der mir erzählte, dass sein Leben völlig bedeutungslos geworden sei. Ich bin noch nie durch dieses Tal der trockenen Knochen gegangen, aber ich habe schon einer selbstmordgefährdeten Mutter zugehört, die mir erzählte, dass sie sich an einem finsteren Ort befand und keinen Ausweg sah. Ich bin noch nie über einen Acker voller Oberschenkelknochen und Rippen gegangen, aber ich habe mit einem jungen Mann gesprochen, dessen Leben aufgrund seines Drogenkonsums wüst dalag. Ich habe noch nie auf mehrere Hektar voller Skelette gestarrt, aber ich habe gesehen, wie stolze Menschen bei einer Beerdigung wortlos dastanden und nicht wussten, wie sie auf die unliebsame Erinnerung an ihre eigene Sterblichkeit antworten sollten. Ich habe noch nie bis zu den Knöcheln in trockenen Knochen gestanden, aber ich habe schon in den Spiegel geschaut und einen Pastor mit einem vertrockneten Glauben gesehen und mich gefragt, ob dieses verhärtete Herz jemals wieder sanft werden würde.

Können diese Knochen wieder zum Leben erwachen?

Hesekiel war ein Mann mit Vision. Aber er hatte nicht genug Vision, um eine Antwort auf diese Frage zu wagen. Er wich aus: „O Herr, mein Gott ... das weißt nur du" (Vers 3).

Und dann gab Gott ihm eine Anweisung:

> *Da sagte er zu mir: „Weissage über diese Gebeine und sag zu ihnen: ‚Ihr gebleichten Knochen, hört das Wort des Herrn! So spricht Gott, der Herr, zu diesen Knochen: Seht! Ich werde euch Atem einhauchen und euch wieder lebendig machen! Ich gebe euch Sehnen, lasse Fleisch an euch wachsen und überziehe euch mit Haut. Ich hauche euch Atem ein und mache euch wieder lebendig. Dann werdet ihr erkennen, dass ich der Herr bin'"* (Verse 4–6).

Der Prophet tat, was ihm befohlen worden war. Und als er weissagte, vernahm Hesekiel ein lautes Klappern. Knochen knackten und klapperten und rückten wieder zusammen. Aus dem Nichts erschienen Sehnen, die die Gelenke wieder verbanden. Haut breitete sich über die Skelette. Aus einer Schlucht voller Knochen wurde eine Ansammlung menschlicher Körper. Aber die Körper atmeten noch nicht. Sie waren leblos. Weit und breit keine schlagenden Herzen oder atmenden Lungen. Und so befahl Gott dem Propheten, eine weitere Zukunftsvision auszusprechen:

Da sagte er zu mir: „Weissage über den Atem, weissage, Menschenkind, und sag zu dem Atem: ‚So spricht Gott, der Herr: Komm, o Atem, aus den vier Winden! Hauche diese Erschlagenen an, damit sie wieder lebendig werden.'" Ich weissagte, wie er es mir befohlen hatte, und der Atem fuhr in sie hinein und sie wurden lebendig. Sie standen auf, und es war eine riesige Menschenmenge (Verse 9–10).

Ohne den Heiligen Geist sehen wir auf diesem riesigen Feld vielleicht Knochen, Fleisch, Haare und Zähne, aber wir sehen kein Leben. Er, und nur er, spendet Leben. Und damit wir das auch wirklich verstehen, fügt Gott diese Tatsache hinzu: „Ich gebe euch meinen Geist, damit ihr lebt, und ich bringe euch in euer Land. Dann werdet ihr erkennen, dass ich, der Herr, es angekündigt und auch ausgeführt habe. Ich, der Herr, habe gesprochen!" (Vers 14).

Und Gott hat sein Versprechen gehalten. Das Volk Israel kehrte etwa siebzig Jahre später in sein Heimatland zurück. Und wenn Gottes neues Reich da ist, werden sie erneut heimkehren.

Was der Heilige Geist damals getan hat, wird er auch heute noch für dich tun.

„Es ist der Geist, der lebendig macht. Das Fleisch hat keine Macht" (Johannes 6,63). Du fühlst eine Leere in dir? Es kommt dir so vor, als würdest du irgendwie teilnahmslos durchs Leben gehen? Ein neues Haus, ein Ehepartner, ein anderer Job oder Schmuck kann diesen Gefühlen nichts entgegensetzen. Es fühlt sich zwar gut an, wenn man jemanden kennenlernt oder endlich Gewicht verliert, aber die tiefgreifende, dauerhafte Veränderung, die du wirklich brauchst, kann dir nur der Heilige Geist schenken.

Und er wird es tun!

Deine Ehe ist vertrocknet? Er kann sie wiederbeleben. Du steckst beruflich fest? Der Heilige Geist kann deiner Karriere neues Leben einhauchen. Die Scherben deiner Träume liegen überall verstreut? Gottes Geist kann sie wieder zusammenfügen und neu beleben. Kommt es dir so vor, als würdest du dich auch in babylonischer Gefangenschaft befinden? Der Heilige Geist kann Gefangene in eine Armee verwandeln.

Es entspricht nicht Gottes Wille, dass du ein lebloses Leben führst. Er wird deine trockenen Knochen anhauchen und neues Leben erschaffen.

Du musst nur ein Hesekiel sein.

Überrascht dich das? „Ich? Ein Hesekiel?"

Diese Einladung besagt nicht, dass du deinen Namen ändern, nach Israel ziehen oder dir einen langen Bart wachsen lassen musst. Damit will ich nur sagen, dass du bereit sein solltest, den Heiligen Geist Leben in die trockenen und toten Bereiche deiner Welt hauchen zu lassen.

Die Geschichte von den Skeletten im Tal der Toten ist an sich schon so dramatisch, dass uns vielleicht ein unglaublicher Aspekt dieses Wunders entgeht. Hesekiel wurde das Wunder nicht „aufgezwungen", Gott forderte ihn auf, das Wunder „einzuladen". Gott sagte zu ihm, er solle prophezeien, und als er das tat – und er tat es nur ein Mal –, begann der himmlische Wind zu wehen.

Und wenn der Prophet sich geweigert hätte? Was, wenn er abgelehnt hätte? Was, wenn Hesekiel Gottes Reden zwar gehört, sich dann aber abgewandt und gemurmelt hätte: „Das ist mir zu abgefahren." „Ich bin nicht bedeutend genug, um mit Gott zusammenzuarbeiten." Oder: „Er muss mich mit jemand verwechseln, der besser, größer und heiliger ist."

Aber das hat er nicht.

Und du?

Der Atem Gottes wartet auf deine Einwilligung. Verkünde das, was Gott tun soll oder kann. Sprich aus tiefstem Herzen eine Einladung aus.

Heiliger Geist, ich heiße dich willkommen.

Er zwingt, überredet oder nötigt dich nicht, ihn in dein Leben zu lassen. Er kommt, wenn man ihn einlädt, also solltest du ihn um Himmels willen einladen.

Klingt das zu einfach? Vielleicht. Wir neigen dazu, die Sache mit dem Heiligen Geist kompliziert zu machen. Wir denken uns „Die sieben Schritte zum Wandeln im Geist" aus oder die zehn Voraussetzungen, die erfüllt sein müssen, wenn man den Heiligen Geist empfangen will, oder heilige Hinweise, an denen man erkennen kann, ob man mit dem Heiligen Geist erfüllt ist. Aber Gottes Geist kann man nicht wie einen Computer programmieren. Er ist eine Person, die man einladen muss.

Hat Jesus bei seinem Auftreten im Obergemach nicht genau darauf hingewiesen?

Es war das erste Osterfest und deshalb auch der erste Ostergottesdienst. Jesus stand an jenem Morgen von den Toten auf und am Abend hatten sich die Jünger im Obergemach versammelt. Aus Angst, dass diejenigen, die Jesus verhaftet hatten, auch sie holen würden, hatten sie die Tür verriegelt.

Gottes Geist kann man nicht wie einen Computer programmieren.

„Plötzlich stand Jesus mitten unter ihnen! ‚Friede sei mit euch', sagte er" (Johannes 20,19). Man hätte vielleicht erwarten können, dass Jesus wegen ihrer Ängstlichkeit ein bisschen verärgert gewesen wäre. Schließlich hatten ja Engel zu ihnen gesprochen. Felsen waren zerborsten. Der Erdboden hatte gebebt. Eine Reihe von Gräbern war plötzlich unbewohnt gewesen. Jemand hatte den riesigen Vorhang im Tempel zerrissen, zum Kuckuck!

Und die Jünger? Sie bibberten wie hilflose Küken.

Trotzdem zeigte Jesus sich ihnen. Sie hatten die Türen verriegelt, weil sie sich so in Sicherheit wähnten. Aber niemand ist vor dem auferstandenen Herrn „sicher"! In diesem kurzen Abschnitt sagte er dreimal: „Friede sei mit euch" (Vers 19, 21 und 26). Die ersten Worte des auferstandenen Jesus zu seinen Aposteln waren Worte des Trostes. Gnade. Reine Gnade.

Dem Geschenk seines Friedens folgte dann das Geschenk seiner Kraft. „‚Wie der Vater mich gesandt hat, so sende ich euch.' Dann hauchte er sie an und sprach: ‚Empfangt den Heiligen Geist'" (Verse 21–22).

Jesus atmete aus und sie atmeten ein. Er hauchte sie an, wie Gott Adam Leben eingehaucht hatte (1. Mose 2,7). Ich mag die Übersetzung, in der es heißt: „Nehmt den Heiligen Geist in euch auf!" (Johannes 20,22).[1]

Das Geschenk des Heiligen Geistes war nicht an irgendwelche Bedingungen geknüpft. Es mussten keine besonderen Voraussetzungen erfüllt sein. Keine Hindernisse waren zu überwinden, keine Kunststückchen aufzuführen. Nein, Jesus gab ihnen seinen Geist, so wie er sich selbst am Kreuz für sie gegeben hatte: als Geschenk, völlig unverdient. Die Frage, die Paulus den Galatern stellte, stellt sich uns allen: „Sagt mir: Habt ihr den Heiligen Geist etwa durch das Befolgen des Gesetzes empfangen? Natürlich nicht. Der Heilige Geist kam auf euch herab, nachdem ihr die Botschaft von Christus gehört und ihr geglaubt habt" (Galater 3,2).

Die Antwort darauf? Glaube! Nur Glaube. Der Glaube an Christus ist das Gefäß für den Heiligen Geist. Im Neuen Testament heißt es an keiner Stelle: „Bring dein Leben in Ordnung, damit Gott zu dir kommen kann." Vielmehr bietet es uns an: „Heiße Christus willkommen und der Heilige Geist wird dich in Ordnung bringen."

Viele wollen in dieser Hinsicht oft wissen, ob man eine Art zweiten Segen braucht, eine Erfahrung mit dem Heiligen Geist nach der eigenen Lebenswende, um diese Kraft von oben zu empfangen. Meine Antwort darauf ist: „Ja! Und zwar nicht nur eine zweite, sondern auch eine dritte und eine zehnte und eine tausendste!" Ich glaube zum Beispiel, dass ich heute Morgen, bevor ich angefangen habe, an diesem Kapitel zu arbeiten, frisch mit dem Heiligen Geist erfüllt wurde.

Lass uns bereitwillig auf den uns versprochenen Heiligen Geist warten, jeden Augenblick, jeden Tag. Lass uns die Einladung von Christus annehmen: Empfangt den Heiligen Geist. Ob er nun als sanfter Hauch kommt wie an jenem ersten Ostern oder als brausender Wind wie an Pfingsten: Lasst ihn uns willkommen heißen. Und lass uns auf der Hut sein vor irgendwelchen komplizierten Bedingungen, die wir angeblich erfüllen müssen und die uns doch nur entmutigen und behindern. Wir empfangen den Heiligen Geist genauso wie unsere Errettung: durch Glauben.

Du musst dich nicht anstrengen, um dir das zu verdienen, was der Vater dir so gern schenken möchte. Da fällt mir eine Aussage von Jesus ein, in der es um einen ähnlichen Gedanken geht: „Gibt es einen Vater, der seinem Kind eine Schlange hinhält, wenn es um einen Fisch bittet? Oder wenn es um ein Ei bittet, reicht er ihm dann einen Skorpion? Natürlich nicht!" (Lukas 11,11–12).

Das ist doch absurd! Kein Vater wäre so gemein zu seinem Kind. Das Kind bittet um etwas zu essen und der Vater sagt: „Natürlich, mach die Augen zu und streck deine Hand aus", und dann legt er dem Kind eine giftige Spinne in die Hand? Wenn irgendeine Mutter oder irgendein Vater so etwas täte, sollte sie oder er keine Kinder haben!

„Wenn aber selbst ihr sündigen Menschen wisst, wie ihr euren Kindern Gutes tun könnt, wie viel eher wird euer Vater im Himmel denen, die ihn bitten, den Heiligen Geist schenken" (Vers 13). Wenn wir, mit unserer Neigung zur Selbstsucht, unsere Kinder schon genug lieben, um sie vor bösen Erfahrungen zu bewahren und ihnen Gutes zu tun, wie viel mehr würde Gott das dann tun? Und in seinem Reich ist der Heilige Geist das Beste überhaupt.

Wenn du Hilfe brauchst: Sie ist schon hier. Bitte den Heiligen Geist, dir seine Kraft zu schenken. Mach die Tür weit auf! Öffne die Tore! Stell dich auf die Schwelle und sag: „Komm rein!" Atme ein, was Jesus ausgeatmet hat. Nimm einen tiefen, erfrischenden Atemzug der Kraft und Gegenwart Gottes. Mach es jetzt und dann immer wieder.

Geist des lebendigen Gottes, ströme.
Atem des höchsten Himmels, wehe.
Über diese müde Welt,
in unsere vertrockneten Träume,
über unser verknöchertes Sein,
wehe, Heiliger Geist, damit wir leben.

Ich habe nie wieder etwas von jenem schnarchenden Opa gehört. Ich kann mir nur ausmalen, was dieses alte Rumpelstilzchen dachte, als er mit einem aufgeweichten Stück Brot und Traubensaftgeschmack im Mund aufgewacht ist.

Es ist natürlich eine Sache, das Abendmahl in einem Genesungsheim zu verschlafen. Es ist etwas ganz anderes, die

Wenn du Hilfe brauchst: Sie ist schon hier. Bitte den Heiligen Geist, dir seine Kraft zu schenken. Mach die Tür weit auf! Öffne die Tore! Stell dich auf die Schwelle und sag: „Komm rein!“

Gemeinschaft mit dem Geist des lebendigen Gottes völlig zu verschlafen.

Bitte, begehe diesen Fehler nicht. Lade ihn ein, seinen Atem über deine Knochen wehen zu lassen.

Bist du müde? Atme den Heiligen Geist ein. Wird dir der Stress zu viel? Atme ihn ein. Schnürt die Angst dir die Luft ab? Atme das Leben Gottes einmal ganz tief ein. Stück für Stück, einen Atemzug nach dem anderen. Und ehe du dich versiehst, wirst du deinem Leben Leben eingehaucht haben.

Fragen zum Nachdenken

Von Andrea Lucado

Kapitel 1: Der Heilige Wer?

1. In der Bibel heißt es, dass die Dreieinigkeit aus drei Personen besteht: Vater, Sohn und Heiliger Geist. Wie würdest du jeden von ihnen beschreiben?
2. Welches Bild hast du vom Heiligen Geist? Worauf basiert dein Wissen über ihn – auf dem, was in deiner Gemeinde gelehrt wird, deinem eigenen Bibelstudium oder etwas anderem?
   - Was hast du in der Gemeinde oder von deinen geistlichen Leitern über den Heiligen Geist gelernt?
   - Welche Auswirkungen hatte diese Lehre – oder ihr Fehlen – auf dein Bild des Heiligen Geistes?
   - Welche Rolle spielt der Heilige Geist in deinem Leben – falls er überhaupt eine Rolle spielt?
3. Lucado beschreibt eine Begebenheit während seiner Schulzeit, als er zum ersten Mal etwas über den Heiligen Geist erfahren hat. Ihm war beigebracht worden: „Der Heilige Geist ist dein Leben spendender Freund, der dich nach Hause bringt“ (S. 16).
   - Stimmst du dieser Beschreibung des Heiligen Geistes zu? Hat er sich dir schon einmal als „Leben spendender Freund“ gezeigt?

- Würdest du diese Beschreibung überarbeiten oder ergänzen wollen?

4. Jesus wies seine Jünger an, ihren Dienst erst dann zu beginnen, wenn sie den Heiligen Geist empfangen hatten. In Lukas 24,49 heißt es: „Ihr aber bleibt hier in der Stadt, bis der Heilige Geist kommen und euch mit Kraft aus dem Himmel erfüllen wird." Was verrät dir das über die Bedeutung des Heiligen Geistes für unser Leben und unseren Dienst?
5. Fülle die Lücken aus: Mit dem Heiligen Geist kommt auch ____________ (S. 19).
   - Wofür gibt uns der Heilige Geist Kraft?
   - Hast du das schon einmal erlebt? Unter welchen Umständen? Was ist passiert?
   - Woher wusstest du damals, dass dir der Heilige Geist Kraft schenkt?
   - Wo brauchst du gerade die Kraft des Heiligen Geistes?
6. Lucado beschreibt drei unterschiedliche Arten von „Beziehungen" zum Heiligen Geist:
   - Da gibt es die Angeber, die den anderen das Gefühl vermitteln, sie hätten einen viel engeren und besseren Draht zum Heiligen Geist;
   - die Heiliger-Geist-Polizisten, die gegen alles vorgehen, was geistlich gesehen aus der Reihe tanzt oder gemeindlich für Unruhe sorgt;
   - die Heiligen mit einem gesunden Verhältnis zum Heiligen Geist, die für sein Reden und Wirken offen sind.

   Mit welcher dieser Gruppen identifizierst du dich am stärksten? Warum?
   - Ist dir schon einmal ein frommer Angeber begegnet? Welchen Einfluss hatte diese Person auf deine Haltung zum Heiligen Geist?

- Ist dir schon einmal ein geistlicher Polizist begegnet? Welchen Einfluss hatte diese Person auf deine Haltung zum Heiligen Geist?
- Nimm deine eigene Beziehung zum Heiligen Geist einmal ehrlich unter die Lupe. Warst du vielleicht schon einmal ein frommer Angeber oder ein geistlicher Polizist?

7. Die Bibel verwendet verschiedene Metaphern, um das Wirken des Heiligen Geistes zu beschreiben:
   - Der Heilige Geist ist unser *Lehrer* (Johannes 14,26).
   - Der Heilige Geist ist der *Wind* Gottes (Johannes 3,8).
   - Er ist unser *Fürsprecher* (Römer 8,26).
   - Er ist das *Siegel*, das Gott allen aufdrückt, die errettet sind (Epheser 1,13).
   - Er ist die *Friedenstaube* (Matthäus 3,16).
   - Er *schenkt* uns *gute Gaben* (1. Korinther 12,1–11).
   - Er ist der *Strom lebendigen Wassers*, der aus uns zu anderen fließt und sie erfrischt (Johannes 7,37–39).
     - Hast du den Heiligen Geist schon einmal auf eine der hier beschriebenen Arten erlebt?
     - Auf welche dieser Aspekte bist du am meisten neugierig und warum?
     - Bei welchen bist du skeptisch? Warum?
8. Lucado wirft die Frage auf: „Sehnst du dich danach, den Heiligen Geist besser kennenzulernen und eine Beziehung zu ihm zu pflegen?“ (S. 22). Was würdest du darauf antworten?
   - Warum hast du beschlossen, *Kraft von oben* zu lesen?
   - Was hältst du von dem Gedanken, dass der Heilige Geist dich dazu geführt hat, dieses Buch zu lesen und dich mit dem Thema zu beschäftigen?

Kapitel 2: Komm an meine Seite

1. Wodurch zeichnet sich ein guter Lehrer aus?
   - Wer war der beste Lehrer bzw. die beste Lehrerin, den oder die du je hattest (in der Schule, in der Gemeinde oder anderswo)?
   - Welche Eigenschaften haben diese Person zu einem guten Lehrer, zu einer guten Lehrerin gemacht? Inwiefern hat diese Person dein Leben positiv beeinflusst?
2. Das Wort, das im griechischen Original in Johannes 14, 15 und 16 für den Heiligen Geist verwendet wird, ist *Parakletos* (Ratgeber, Helfer). Was ist seine zentrale Aufgabe?
3. Lies die folgenden Verse und unterstreiche jede Beschreibung des Heiligen Geistes.

> *„Und ich werde den Vater bitten, und er wird euch einen anderen Ratgeber geben, der euch nie verlassen wird. Es ist der Heilige Geist, der in alle Wahrheit führt. Die Welt kann ihn nicht empfangen, denn sie sucht ihn nicht und erkennt ihn nicht. Ihr aber kennt ihn, weil er bei euch bleibt und später in euch sein wird. ... Doch wenn der Vater den Ratgeber* [Parakletos] *als meinen Stellvertreter schickt – und damit meine ich den Heiligen Geist –, wird er euch alles lehren und euch an alles erinnern, was ich euch gesagt habe“* (Johannes 14,16–17.26).

> *„Doch ich werde euch den Ratgeber* [Parakletos] *schicken – den Geist der Wahrheit. Er wird vom Vater zu euch kommen und wird mein Zeuge sein“* (Johannes 15,26).

„Es ist das Beste für euch, dass ich fortgehe, denn wenn ich nicht gehe, wird der Ratgeber [Parakletos] *nicht kommen. Wenn ich jedoch fortgehe, wird er kommen, denn ich werde ihn zu euch senden. Und wenn er kommt, wird er die Welt von ihrer Sünde und von Gottes Gerechtigkeit und vom Gericht überzeugen"* (Johannes 16,7–8).

„Doch wenn der Geist der Wahrheit kommt, wird er euch in alle Wahrheit leiten. Er wird nicht seine eigenen Anschauungen vertreten, sondern wird euch sagen, was er gehört hat. Er wird euch von dem erzählen, was kommt. Er wird mich verherrlichen, indem er euch alles offenbart, was er von mir empfängt" (Johannes 16,13–14).

- Welche Beschreibung spricht dich am meisten an? Warum?
- Stellst du dir den Heiligen Geist so vor, wie er in diesen Versen beschrieben wird – als Lehrer, als derjenige, der Jesus verherrlicht, der den Menschen ihre Schuld bewusst macht, der ihnen hilft, die Wahrheit zu erfassen und entsprechend zu leben, usw.? Warum oder warum nicht?

4. Lucado erklärt, dass der Heilige Geist nach Aussage der Bibel weder ein neutrales „Es" ist noch eine Sache. Der Heilige Geist ist ein göttliches Wesen. Warum ist diese Unterscheidung so wichtig?
5. Fülle die Lücke aus: „Der Heilige Geist hat einen konkreten, umfassenden Auftrag: Er soll uns alles über ________ beibringen" (S. 31).
   - Warum ist das nötig?
   - Wie bringt er es uns bei?

- Hast du schon einmal vom Heiligen Geist etwas über Jesus gelernt? Wenn ja, was hast du gelernt und wie war diese Erfahrung für dich?

6. Hast du gerade ein Problem, bei dem dir ein Lehrer, der dich täglich begleitet, helfen könnte?
   - Bist du davon überzeugt, dass dir der Heilige Geist antwortet und dich so führt und lehrt, wie du es brauchst? Warum oder warum nicht?
   - Hast du schon einmal etwas Derartiges erlebt?
7. Lies die Geschichte von Petrus und Kornelius in Apostelgeschichte 10.
   - Welche Rolle hat der Heilige Geist in der Geschichte gespielt?
   - Was hat der Heilige Geist Petrus gesagt (Verse 19–20)?
   - Wie hat Petrus darauf reagiert?
   - Was hat Petrus hier letztlich über Gott, Jesus, die Juden und die Heiden gelernt?
   - Was verrät dir diese Geschichte über die Bedeutung des Heiligen Geistes, wenn es darum geht, die Botschaft und Ziele von Jesus zu verstehen?
8. Lucado berichtet von einer sehr anstrengenden Zeit zu Beginn seines Dienstes. „Es kam mir so vor, als müsste ich die Probleme aller anderen lösen, müsste ihre Lasten tragen und dürfte dabei nie müde werden“ (S. 37).
   - Hast du dich auch schon einmal so gefühlt? Vielleicht geht es dir ja jetzt gerade so. Welche Lasten trägst du?
   - Welche Erkenntnis hatte Lucado in Bezug auf die Last dieser Verantwortung?
   - Was könntest du tun, um die Hilfe des Heiligen Geistes in Anspruch zu nehmen und dich auch darauf zu verlassen, dass er sich um deine Lasten kümmert?

Kapitel 3: Hisse die Segel

1. Wie sieht ein „Ruderboot-Glaube“ aus? Wie ein „Segelboot-Glaube“? Erkläre den Unterschied.
   - Erinnert dein Glaube im Moment mehr an ein Ruderboot oder an ein Segelboot? Inwiefern?
   - Woher kommt deine Ruderboot- bzw. deine Segelboot-Mentalität? Ist sie auf die Gemeinde zurückzuführen, in der du groß geworden bist? Auf deinen Mentor, deine Mentorin? Auf das, was du in der Bibel gelesen hast, oder auf einen Aspekt deiner Persönlichkeit? Erläutere deine Antwort.
2. Lies die Geschichte von Nikodemus in Johannes 3,1–15.
   - Was muss Nikodemus laut Jesus tun, um das Reich Gottes zu sehen (Vers 3)?
   - Was hältst du von Nikodemus’ Antwort (Vers 4)?
   - Wie können wir laut Jesus von Neuem geboren werden (Vers 5)?
   - Jesus vergleicht den Heiligen Geist mit Wind (Vers 8). Warum zieht er hier wohl gerade diesen Vergleich heran?
   - Nikodemus wirkt in dieser Unterhaltung ausgesprochen verwirrt. Geht es dir ähnlich? Wenn ja, was verwirrt dich?
   - Hilft dir dieser Abschnitt, den Heiligen Geist auf eine neue Weise zu verstehen? Erläutere deine Antwort.
   - Was verrät uns dieser Abschnitt über den Heiligen Geist und seine Kraft in unserem Leben?
3. Lucado zitiert den Theologen Abraham Kuyper, der den Heiligen Geist ebenfalls mit dem Wind vergleicht, denn: „Nichts von ihm ist sichtbar; er tritt nie aus der ungreifbaren Leere heraus. Er bleibt ein Mysterium und schwebt ungestalt und unbegreiflich. Er ist wie der Wind! Wir hören sein

Geräusch, aber wir wissen nicht, woher er kommt und wohin er geht. Das Auge kann ihn nicht sehen, das Ohr kann ihn nicht hören, geschweige denn die Hand ihn greifen" (S. 47).

- Warum sind das laut Lucado gute Neuigkeiten?
- Hast du den Heiligen Geist schon einmal so erlebt: als etwas, das du nicht sehen kannst, aber gespürt hast? Wenn ja, woher hast du gewusst, dass du gerade das Wirken des Heiligen Geistes erlebt hast?

4. Lucado schreibt: Weil wir „aus dem Geist geboren sind" (Johannes 3,8), haben wir „seinen Wind, seine unsichtbare Kraft in uns (...). Wir sind Gastgeber für das Mysterium und die Majestät Gottes" (S. 48).
   - Wenn du einen Ruderboot-Glauben hast: Wie könnte dir diese Kraft des Heiligen Geistes helfen, dich nicht länger täglich abzustrampeln, um „geistliche Leistung" zu erbringen?
   - Vielleicht hast du nur in einigen Bereichen deines Lebens einen Ruderboot-Glauben. Wenn ja, welche Bereiche sind das und wie könntest du dich in diesen Bereichen auf die Kraft des Heiligen Geistes verlassen und nicht länger nur auf deine eigene Stärke?
5. Fülle die Lücken aus: „Nikodemus war völlig auf das Wort __________ fokussiert. Ein Christ sollte jedoch auf das Wort ____________ fokussiert sein" (S. 50).
   - Was ist im christlichen Glauben „vollbracht"? Glaubst du das wirklich? Warum oder warum nicht?
   - Kann man an deinem Denken und Verhalten ablesen, dass du das glaubst? Warum oder warum nicht?
6. Selbst wenn man schon lange mit Jesus unterwegs ist, kann es leicht passieren, dass man in ein „Ruderboot-Christsein" zurückfällt.

- Was könnte der Grund dafür sein?
- Welche Glaubensüberzeugungen solltest du im Hinblick auf den Heiligen Geist, Jesus oder Gott haben, damit du ein „Segelboot-Christsein“ lebst?

7. Stell dir vor, du lebst ein Segelboot-Christsein und verlässt dich in allen Belangen und Kämpfen ganz auf den Heiligen Geist. Inwiefern sähe dein alltägliches Leben dann wohl anders aus als heute?
   - Inwiefern wärst du vielleicht anders als heute?
   - Inwiefern hättest du vielleicht ein anderes Selbstbild?
   - Inwiefern hättest du vielleicht ein anderes Bild von deinen Mitmenschen?
8. Nenne eine Sache, mit der du heute zu kämpfen hast.
   - Wie könnte es aussehen, wenn du versuchen würdest, mit deinem Lebensboot da hindurchzurudern?
   - Wie könnte es aussehen, wenn du versuchen würdest, mit deinem Lebensboot da hindurchzusegeln?
   - In welchen Bereichen oder bei welchen Aspekten solltest du dich heute auf den Heiligen Geist verlassen, um diese Situation zu bewältigen?

Kapitel 4: Seufzer aus tiefstem Herzen

1. Welche Rolle spielt Gebet in deinem Leben? Betest du oft? Manchmal? Selten? Führst du eine Gebetsliste oder ein Gebetstagebuch? Warum oder warum nicht?
    - Haben dir schon einmal beim Beten die Worte gefehlt? Warum ist es dir schwergefallen, die richtigen Worte zu finden?
    - Was machst du, wenn du nicht weißt, wofür du beten sollst?
    - Lucado schreibt: Wenn uns die Worte fehlen, dann „seufzen (wir) aus tiefstem Herzen" (S. 55). Hast du das schon einmal erlebt: dass deine Gebete nur aus tiefen Seufzern bestanden und nicht aus konkreten Worten? Wenn ja, in welcher Situation war das?
    - Hat dir das Gebet in dieser Zeit geholfen – auch wenn dir die Worte gefehlt haben? Warum oder warum nicht?
2. Lies Römer 8,22–23 und 26–27:
   „Denn wir wissen, dass die ganze Schöpfung bis zu diesem Augenblick mit uns seufzt, wie unter den Schmerzen einer Geburt. Und selbst wir, obwohl wir im Heiligen Geist einen Vorgeschmack der kommenden Herrlichkeit erhalten haben, seufzen und erwarten sehnsüchtig den Tag, an dem Gott uns in unsere vollen Rechte als seine Kinder einsetzen und uns den neuen Körper geben wird, den er uns versprochen hat. ... Der Heilige Geist hilft uns in unserer Schwäche. Denn wir wissen ja nicht einmal, worum oder wie wir beten sollen. Doch der Heilige Geist betet für uns mit einem Seufzen, das sich nicht in Worte fassen lässt. Und der Vater, der alle Herzen kennt, weiß, was der Geist sagt, denn der Geist bittet für die, die zu Gott gehören, wie es dem Willen Gottes entspricht."

- Was tut der Heilige Geist diesem Abschnitt zufolge im Zusammenhang mit Gebet für uns und wann tut er es?
- Hast du schon einmal darüber nachgedacht, dass der Heilige Geist im Gebet für dich eintritt? Was empfindest du bei diesem Gedanken? Hoffnung? Verwirrung? Skepsis? Warum?

3. Lucado schreibt, dass das Wort, das Paulus in Römer 8,26 für „Schwachheit" benutzt, das gleiche ist, das er an anderer Stelle im Kontext von körperlichen Anfechtungen oder Erkrankungen gebraucht. Warst du oder war jemand aus deinem Freundeskreis schon einmal so krank, dass du nicht mehr wusstest, wofür du beten sollst? Für Heilung? Dafür, dass die Ärzte weise Entscheidungen treffen? Für die richtigen Medikamente? Für ein Wunder? Wie war es für dich, in dieser schweren Zeit zu beten?
   - Vielleicht warst du selbst noch nie so schwer krank, aber du hast schon Schwäche erlebt, weil du deine Arbeitsstelle oder einen geliebten Menschen verloren oder eine Scheidung durchgemacht hast. Lucado kommentiert solche Zeiten mit den Worten: „Das, was wir uns vom Leben erhoffen, und das, was wir tatsächlich bekommen, klafft oft weit auseinander" (S. 57). Wofür hast du in dieser Zeit gebetet?
   - Fällt es dir schwer zu beten, wenn du dich schwach fühlst? Warum oder warum nicht?
4. Kennst du den Druck, für das „Richtige" zu beten?
   - Falls ja, woher kommt dieser Druck wohl?
   - Wie wirkt er sich auf dein Gebetsleben aus?
   - Wie würde es sich auf dein Gebetsleben auswirken, wenn du auf das vertraust, was in Römer 8,26 steht: „Doch der Heilige Geist betet für uns"?

5. Lucado illustriert anhand einer Begebenheit aus seiner Zeit in Brasilien, wie der Heilige Geist für uns betet. Hat sich schon einmal jemand so für dich eingesetzt, wie Quenho sich für Lucado eingesetzt hat? Wer war das und welche Auswirkungen hatte der Einsatz dieser Person auf deine Situation?
   - Welche Auswirkungen hat das Wissen, dass der Heilige Geist für dich betet, auf dein eigenes Beten?
   - Wie könnte es dein Beten verändern, wenn du wirklich glaubst, dass der Heilige Geist für dich eintritt?
   - Was verrät uns die Tatsache, dass der Heilige Geist für uns betet, über Gottes Wesen und darüber, wie er zu seinen Kindern steht?
   - Hast du schon einmal inneren Frieden gespürt, als jemand für dich gebetet hat?
6. In der Bibelübertragung „The Message" heißt es in Römer 8,26–27: „[Der Geist] *bringt uns ständig bei Gott in Erinnerung. Deshalb können wir so sicher sein, dass jedes Detail unseres Lebens aus Liebe zu Gott zu etwas Gutem wird.*"
   - Was verspricht uns dieser Abschnitt?
   - Gibt es momentan etwas in deinem Leben, das du nicht in Worte fassen kannst? Falls ja, wie könntest du dann diesen Abschnitt darauf anwenden? Welche Hoffnung kann dir dieser Abschnitt heute schenken?

Kapitel 5: Die Rettung ist gewiss

1. Lucado erzählt in diesem Kapitel davon, dass er in seiner Kindheit mit dem Bus zu seinen Großeltern gefahren ist. Sein Vater hat ihm vorher noch einen Zettel in die Tasche gesteckt, auf dem stand: „Dieser Junge gehört zu Jack und Thelma Lucado" (S. 66). Wenn du als Kind eine solche Reise gemacht hättest, wessen Name hätte auf deinem Zettel gestanden? Wer hat dir ein Gefühl von Sicherheit und Zugehörigkeit vermittelt?
   - Wie hat dieses Gefühl der Zugehörigkeit deine Kindheit beeinflusst?
   - Vielleicht bist du aber auch nicht mit einem solchen starken Zugehörigkeitsgefühl aufgewachsen. Wie hat das dein Leben beeinflusst?
   - Warum ist es wichtig, dieses Gefühl der Zugehörigkeit zu empfinden – zu einer Familie, Freunden, einem Umfeld?
2. Zu wem gehören wir nach Aussage von Paulus (Epheser 1,13 und 4,30)?
   - Welche Bedeutung hat das Wort „versiegelt"?
   - Lucado definiert „versiegeln" folgendermaßen: „Das gehört mir und es ist geschützt" (S. 67). Empfindest du so in Bezug auf etwas oder jemanden in deinem Leben? Falls ja, wer oder was ist das?
   - Was bedeutet es dann, dass Gott dir sein Siegel, den Heiligen Geist, „aufgedrückt" hat?
3. Lies Römer 8,14–17:
   „Denn alle, die vom Geist Gottes bestimmt werden, sind Kinder Gottes. Deshalb verhaltet euch nicht wie ängstliche Sklaven. Wir sind doch Kinder Gottes geworden und dürfen ihn ‚Abba, Vater' rufen. Denn der Geist Gottes selbst bestätigt uns

tief im Herzen, dass wir Gottes Kinder sind. Und als seine Kinder sind wir auch Miterben an seinem Reichtum."

- Wie müssen wir also nicht empfinden oder uns verhalten?
- Wie dürfen wir empfinden bzw. uns verhalten?
- Wann hat Gott uns seinen Heiligen Geist gegeben?
- Was geschah nach römischem Gesetz bei der Adoption eines Kindes? (S. 70)
- Was bedeutet das für unsere Beziehung zu Gott?
- Was hat Christus für uns möglich gemacht?

4. Lucado betont, dass Gott im Alten Testament fünfzehn Mal als Vater bezeichnet wird, im Neuen Testament dagegen über zweihundert Mal. Ist Gott für dich (d)ein Vater? Wenn nicht: Wer oder was ist Gott dann für dich?
   - Welche Auswirkung könnte es haben, wenn du Gott als guten Vater betrachten würdest?
   - Welche Rolle spielt der Heilige Geist dabei, wenn es darum geht, Gott als unseren Vater zu betrachten (siehe Galater 4,6–7 und Römer 5,5).
5. In 2. Korinther 1,21–22 (Hfa) heißt es: *„Gott selbst hat unser und euer Leben auf ein festes Fundament gestellt, auf Christus, und uns mit seinem Geist erfüllt. So drückte er uns sein Siegel auf, wir sind sein Eigentum geworden. Das Geschenk des Geistes in unseren Herzen ist Gottes sicheres Pfand für das, was er uns noch schenken wird."* Welchen Beitrag leistet der Heilige Geist im Kontext unserer Errettung?
   - Bist du zuversichtlich im Blick auf deine Errettung? Warum oder warum nicht?
   - Könnte das Versprechen, dass du mit dem Heiligen Geist versiegelt bist, Auswirkungen darauf haben, wie du über deine Errettung denkst?

- Lucado fragt: „Warum ist diese Gewissheit so wichtig?" (S. 74). Was würdest du darauf antworten?
- Wie verhältst du dich, wenn du unsicher bist?
- Wie verhältst du dich, wenn du selbstsicher bist?
- Wenn du wirklich diese hundertprozentige Gewissheit im Blick auf deine Errettung hättest: Würdest du dann heute anders handeln, anders über dich selbst oder andere denken? Wenn ja, inwiefern?

6. In 1. Johannes 4,18 heißt es, dass wir Gottes vollkommene Liebe nicht erlebt haben, wenn wir Angst haben, nicht errettet zu sein, *„weil die vollkommene Liebe alle Angst vertreibt. Wer noch Angst hat, rechnet mit Strafe, und das zeigt, dass seine Liebe in uns noch nicht vollkommen ist."*
    - Hast du das Gefühl, dass du Gottes vollkommene Liebe erlebt hast? Wenn ja, woher weißt du das? Wenn nicht, welche Art von Liebe hast du dann von Gott verspürt?
    - Lucado definiert Gottes vollkommene Liebe so: „Gottes Liebe zu dir ist vollkommen: Er kennt alle Fehler, die du in der Vergangenheit begangen hast, er weiß, wo du in der Zukunft vom Weg abkommen wirst, und trotzdem schenkt er dir seine bedingungslose Liebe" (S. 75). Wenn wir Gottes vollkommene Liebe nicht erleben, dann liegt das nicht daran, dass seine Liebe nicht vollkommen ist. Es liegt oft daran, dass wir nicht bereit sind, sie für uns in Anspruch zu nehmen. Geht es dir vielleicht so? Warum oder warum nicht?
    - Wie könntest du vor dem Hintergrund dessen, was du in diesem Kapitel erfahren hast, heute Gottes vollkommene Liebe annehmen?

Kapitel 6: Ruhe im Chaos

1. Füll die Lücken aus: „Sorgen sind kein Zeichen von ________________. Aber Sorgen machen uns ______________“ (S. 78).
   - Was bereitet dir im Moment Sorgen?
   - Welche geistlichen, körperlichen oder emotionalen Auswirkungen hat das auf dich?
2. In 1. Mose 1,2 heißt es: *„Die Erde aber war wüst und öde, finster war es über den Wassern. Und der Geist Gottes schwebte über der Wasserfläche.“* Was ist die Aufgabe des Heiligen Geistes in diesem Abschnitt?
   - Was ist so bedeutsam an dem Wort „schwebte“?
   - Was war möglich, nachdem der Heilige Geist im Chaos der Welt für Ruhe gesorgt hatte?
3. Hast du schon einmal darüber nachgedacht, dass der Heilige Geist eine Kraft ist, die Ruhe schenken kann? Warum oder warum nicht?
   - Hast du schon einmal erlebt, dass dir der Heilige Geist innere Ruhe geschenkt hat? Wenn ja, wie würdest du diese Erfahrung beschreiben?
   - Unterschied sich der Friede des Heiligen Geistes von dem Frieden, den du anderswo erlebt hast? Wenn ja, inwiefern?
4. Alle vier Evangelien berichten von der Taufe Jesu und wie der Heilige Geist in Gestalt einer Taube auf ihn herabgekommen ist. Stell dir diese Szene einmal bildlich vor.
   - Was haben die Augenzeugen damals wohl gesehen?
   - Wie hat sich Jesus wohl gefühlt, als der Heilige Geist in Form einer Taube auf ihn herabkam?

- Welche äußerlichen Merkmale und Charaktereigenschaften einer Taube fallen dir ein: ______________________
  ____.
- Was verrät uns dieses Bild über den Heiligen Geist?

5. Lucado betont, dass die Taube zu biblischen Zeiten ein weibliches Symbol war und dass das hebräische Wort für „Geist" auch weiblich ist. Welche eindeutig weiblichen oder mütterlichen Eigenschaften fallen dir ein?
   - Bei welcher Frau hast du in einer Notlage schon einmal Trost gesucht?
   - Welchen ganz besonderen Trost hat diese Person dir geschenkt?
   - Warum ist es von Bedeutung, dass der Heilige Geist diese weiblichen oder mütterlichen Eigenschaften hat? Hilft dir das? Oder ist diese Vorstellung für dich seltsam und neu? Sträubst du dich dagegen? Erläutere deine Antwort.
6. Wie gehst du normalerweise mit Sorgen um?
   - Welche Bewältigungsstrategien helfen dir und warum?
   - Welche helfen nicht und warum?
7. Welche Bewältigungsstrategien schlägt Lucado bei Sorgen vor? (S. 84)
   - Hast du deine Sorgen schon einmal mit Lob und Anbetung bekämpft?
   - Inwiefern wirken Lob und Anbetung beruhigend auf uns, wenn wir Sorgen haben?
   - Welche Rolle kann der Heilige Geist spielen, wenn wir Sorgen mit Lob und Anbetung bekämpfen wollen?
8. Denke an eine Gelegenheit, bei der du dich getröstet gefühlt hast – entweder durch die Person, die du bei Frage Nr. 5 genannt hast, oder durch Lob und Anbetung. Welcher Aspekt

dieser Person oder dieser Erfahrung hat dir ein Gefühl des Friedens vermittelt?

- Wie kannst du diese Art von Trost auf die Sorgen anwenden, mit denen du jetzt gerade konfrontiert bist?
- Nimm dir Zeit zum Beten und bitte den Heiligen Geist um seinen Trost. Achte anschließend auf alle tröstlichen Worte, Eindrücke oder Gefühle des Friedens, die er dir schenkt.

Kapitel 7: Wie man Gott reden hört

1. Wann musstest du zuletzt eine wichtige Entscheidung treffen? Worum ging es dabei?
   - Wie hast du diese Entscheidung letztlich getroffen? Hast du dir Zeit zum Beten genommen, mit Freunden gesprochen, eine Liste mit Für und Wider erstellt oder Ähnliches getan?
   - Wie hast du dich bei diesem Entscheidungsprozess gefühlt?
   - Fällt es dir schwer, wichtige Entscheidungen zu treffen? Warum oder warum nicht?
2. Wie hat Gott das Volk Israel geführt, nachdem die Menschen aus Ägypten geflohen waren?
   - Die Israeliten hatten ein traumatisches Erlebnis hinter sich. (Mehr über ihre Geschichte erfährst du in den Kapiteln vor 2. Mose 13.) Wie haben sie auf Gottes Führung reagiert?
   - Wünschst du dir, dass Gott dich auch auf jedem Schritt deines Lebensweges so eindeutig führt? Warum oder warum nicht?
   - Warum führt Gott uns heute wohl nicht länger mithilfe von Wolken- und Feuersäulen?
3. Wer war nach den Aussagen in Jesaja 63,11–14 die Wolken- und Feuersäule? Warum brauchte das Volk Israel diese Form der Führung?
4. Lucado schreibt: „Wer führt Gottes Kinder auch heute noch? Der Heilige Geist! Uns steht genau die gleiche Unterstützung zur Verfügung wie damals den Israeliten, na ja, vielleicht außer der Sache mit dem Manna“ (S. 94).

- Hast du den Heiligen Geist schon einmal bewusst in deinen Entscheidungsprozess miteinbezogen? Warum oder warum nicht?
- Falls ja: Hast du seine Führung gespürt? Auf welche Weise?

5. Lies Römer 12,2:
   „Deshalb orientiert euch nicht am Verhalten und an den Gewohnheiten dieser Welt, sondern lasst euch von Gott durch Veränderung eurer Denkweise in neue Menschen verwandeln. Dann werdet ihr wissen, was Gott von euch will: Es ist das, was gut ist und ihn freut und seinem Willen vollkommen entspricht.“
   - Auf welche Weise können wir nach Aussage von Paulus Gottes Willen für uns erkennen?
   - Von welchem Verhalten und welchen Gewohnheiten „dieser Welt“ spricht Paulus hier?
   - Wie kann es uns davon abhalten, Gottes Willen für uns zu erkennen, wenn wir diesen Gewohnheiten folgen?
   - Bist du schon einmal „der breiten Masse hinterhergelaufen“ und hast schlechte Erfahrungen gemacht? Wenn ja, was waren die Folgen?
   - Hast du schon einmal der Versuchung widerstanden, der breiten Masse zu folgen? Falls ja, wo hat Gott dich stattdessen hingeführt?
6. Lucado schreibt: „Wenn du Gottes Stimme hören willst, sollte deine erste Frage nicht lauten: ‚Was soll ich tun?‘, sondern: ‚Auf wen werde ich hören? Wer hat die Autorität? Wer bestimmt in meinem Leben?‘“ (S. 96).
   - Wer bestimmt im Augenblick gerade in deinem Leben?
   - Glaubst du, diese Stimme führt dich dorthin, wo Gott dich haben möchte? Warum?

7. Nachdem Mose nach Gottes Anweisungen die Stiftshütte gebaut hatte, „bedeckte die Wolke das Zelt Gottes und die Herrlichkeit des Herrn erfüllte es“ (2. Mose 40,34).
   - Wo wohnte von diesem Augenblick an Gottes Geist?
   - Warum hat Gott das für das Volk Israel getan?
   - Glaubst du, dass der Heilige Geist in dir wohnt? Wenn ja, woher weißt du das? Wenn nein, warum nicht?
8. Wenn wir Gottes Willen für unser Leben auf die Spur kommen wollen, gibt uns Lucado den Rat: „Orientiere dich zuerst an dem, was die Bibel zu deiner Frage zu sagen hat. Und dann halte dich an seine Stimme“ (S. 100).
   - Wie kann uns die Bibel dabei helfen, Entscheidungen zu treffen?
   - Hat dir die Bibel schon einmal dabei geholfen, eine Entscheidung zu treffen? Wenn ja, wie?
   - Wer oder was ist mit der Stimme gemeint, von der Lucado hier spricht?
   - Kannst du seine Stimme hören? Wenn ja, nenne ein Beispiel, wo diese Stimme dich einmal bei einer Entscheidung geführt hat.
   - Nach dem, was du in diesem Kapitel gelernt hast: Wie hört sich die Stimme des Heiligen Geistes wohl an?
   - Wie hört sie sich vermutlich nicht an?
   - Warum ist diese Unterscheidung wichtig?

Kapitel 8: Das Feuer in dir

1. Was bedeuten fromme Wendungen wie „für den Herrn brennen“ oder „vom Heiligen Geist in Brand gesetzt sein“ für dich?
   - Hast du dich schon einmal so gefühlt? Wenn ja, wann war das?
   - Wenn du solche Ausdrücke noch nie gehört hast: Was hältst du davon? Sind sie für dich seltsam oder verwirrend? Sprechen sie dich an? Begründe deine Antwort.
2. In diesem Kapitel beschreibt Lucado, inwiefern der Heilige Geist wie ein Feuer ist. Den ersten Aspekt können wir am Feuer des Schmelzofens ablesen, das in Maleachi 3,2–3 beschrieben wird:

   „Denn er wird sein wie das Feuer im Schmelzofen oder wie die Lauge, die man zum Waschen benutzt. Er wird sitzen und das Silber schmelzen und reinigen. Er wird die Leviten reinigen und sie läutern wie Gold oder Silber, sodass sie dem Herrn Opfer bringen, die ihm gefallen.“
   - Was bewirkt das Feuer des Schmelzofens diesen Versen zufolge?
   - Was kommt aus dem Feuer des Schmelzofens heraus?
3. Wenn du dir den Heiligen Geist als ein läuterndes, reinigendes Feuer vorstellst, verspürst du dann Frieden, oder wirst du nervös oder besorgt oder ängstlich? Kannst du die Gründe für deine Antwort erläutern?
   - Hast du die reinigende Kraft des Heiligen Geistes schon einmal erlebt? Wenn ja, wie hat der Geist dich dadurch verändert?
   - Gibt es irgendetwas in deinem Leben, das diesen Aspekt des Heiligen Geistes gerade braucht – eine schlechte

Gewohnheit, ein sündiges Verhaltensmuster, eine zerstörerische Beziehung?
- Wie kannst du den Heiligen Geist einladen, diesen Bereich deines Lebens zu reinigen?

4. Füll die Lücken aus: „Wenn ______________________, dann wird es uns gelingen, die Sünde zu besiegen" (S. 112).
   - Welche Rolle spielt das in unserem Kampf gegen die Sünde in unserem Leben?
   - Wie gehst du normalerweise mit Sünde in deinem Leben um?
   - Funktioniert diese Strategie?
   - Was ist der Unterschied zwischen dem, was Paulus in Kapitel 7 und was er in Kapitel 8 des Römerbriefs schreibt?
   - Wie könntest du im Kampf gegen die Sünde mehr auf die Kraft des Heiligen Geistes und weniger auf deine eigene zurückgreifen?
5. Die zweite Eigenschaft, die der Heilige Geist mit dem Feuer teilt, ist seine Energie. Lucado erzählt von einem Studenten, dem gewissermaßen das „Glaubensfeuer" abhandengekommen war. Weshalb hatte er, nach Aussage seines Pastors, die Leidenschaft für Gott verloren?
   - Welche Rolle spielt Gemeinschaft in deinem Glaubensleben?
   - Hast du schon einmal eine Phase durchlebt, in der du nicht in eine Gemeinde gegangen bist oder Gemeinschaft mit anderen Christen hattest – oder geht es dir vielleicht im Augenblick so?
6. In Hebräer 10,24–25 heißt es: *„Spornt euch gegenseitig zu Liebe und zu guten Taten an. Und lasst uns unsere Zusammenkünfte nicht versäumen, wie einige es tun, sondern ermutigt*

und ermahnt einander, besonders jetzt, da der Tag seiner Wiederkehr näher rückt!"

- Inwiefern „reinigt" uns, diesen Versen zufolge, die Gemeinschaft?
- Inwiefern ermutigt uns die Gemeinschaft in Glaubensdingen?

7. Und dann ist der Heilige Geist noch wie ein schützendes Feuer. In Sacharja 2,9 heißt es: *„Doch ich selbst werde eine Mauer aus Feuer um Jerusalem bilden, spricht der Herr. Und ich werde die Stadt mit meiner Herrlichkeit erfüllen!"*
   - Wovor brauchst du geistlichen Schutz? Vor Fehlverhalten, Sorgen, Ängsten?
   - Was empfindest du bei dem Gedanken, dass das Feuer des Heiligen Geistes dich vor diesen Dingen schützen kann?
8. Wo brauchst du das Feuer des Heiligen Geistes heute?
   - Wo brauchst du die *reinigende Kraft* des Heiligen Geistes?
   - Wo brauchst du die *Energie* des Heiligen Geistes?
   - Wo brauchst du den *Schutz* des Heiligen Geistes?
9. Schließe jetzt mit Davids Worten aus Psalm 139 ab. Bitte Gott, mit seinem Heiligen Geist jeden Teil von dir zu sehen und in dir zu wirken.

   „Erforsche mich, Gott, und erkenne mein Herz, prüfe mich und erkenne meine Gedanken. Zeige mir, wenn ich auf falschen Wegen gehe, und führe mich den Weg zum ewigen Leben" (Verse 23–24).

Kapitel 9: Duftende Ölspuren

1. Hast du schon einmal einen neuen Titel oder eine neue Aufgabe bekommen? Vielleicht bist du beruflich versetzt oder befördert worden oder im Leben in eine neue Rolle geschlüpft, wie zum Beispiel „Mutter" oder „Onkel".
   Denk einmal an eine Gelegenheit zurück, bei der du eine neue Aufgabe zugewiesen bekommen hast:
   - Gab es dabei irgendein Ritual, eine Zeremonie oder Feier? Wenn ja, warum wurde das Ereignis auf diese Weise hervorgehoben?
   - Warum gibt es in verschiedenen Kulturen Rituale und Zeremonien, um solche Veränderungen im Leben zu feiern?
2. Lies die folgenden Bibelstellen:
   „Und während David inmitten seiner Brüder stand, nahm Samuel das Öl, das er mitgebracht hatte, und goss es über Davids Kopf aus. Von diesem Tag an kam der Geist des Herrn über ihn und verließ ihn nicht mehr" (1. Samuel 16,13).
   „... salbe Elisa, den Sohn Schafats aus Abel-Mehola, an deiner Stelle zum Propheten" (1. Könige 19,16).
   „Deshalb ... hat dein Gott dich gesalbt und das Öl der Freude über dich ausgegossen, reichlicher als über alle anderen" (Hebräer 1,9).
   „Der Geist des Herrn ruht auf mir, denn er hat mich gesalbt" (Lukas 4,18).
   - Welche Rolle spielt das Öl in diesen Situationen?
   - Was bedeutete es, jemanden mit Öl zu salben?
   - Inwiefern ähnelt das Ritual der Salbung mit Öl dem Ritual oder der Feier, die du in Frage Nr. 1 genannt hast? Wie unterscheidet es sich?
3. Wie salbt Gott uns 2. Korinther 1,21–22 zufolge?

- Wenn du an die Bibelstellen in Frage Nr. 2 denkst: In welcher Weise ändert diese Salbung dann deine Identität?
- Was empfindest du bei der Vorstellung, mit dem Heiligen Geist gesalbt zu sein? Ist das ein vertrauter oder ein fremdartiger Gedanke für dich?

4. Als Mose Aaron und seine Söhne salbte, machte das ihre neue Identität als Priester Gottes deutlich. Was war Lucado zufolge so bedeutsam daran? (S. 122)
5. In 1. Johannes 2,20 (NGÜ) heißt es, dass wir ebenfalls gesalbt wurden: *„Euch aber hat der, der heilig ist, Jesus Christus, seinen Geist gegeben, und durch diese Salbung habt ihr alle die nötige Erkenntnis."*
   - Was sagt deine Salbung über deine Bestimmung aus?
   - Was sagt deine Salbung über Gottes Gunst aus?
   - Was sagt deine Salbung über deine Autorität aus?
6. In Apostelgeschichte 2,17 steht: *„In den letzten Tagen, spricht Gott, werde ich meinen Geist über alle Menschen ausgießen."* Was ist so bedeutsam an dem Wort „ausgießen"?
7. „Du bist mit dem Heiligen Geist gesalbt und diese Salbung verändert alles", schreibt Lucado (S. 123). Hast du das Gefühl, dass dieses „Geschenk" dich verändert hat? Wenn ja: inwiefern?
   - Wenn du dir nicht sicher bist: Wie könnte das Wissen, dass Gott dir seinen Heiligen Geist geschenkt hat, dein Selbstbild verändern?
   - Wie könnte diese Gabe deinen Umgang mit anderen verändern?
   - Wie könnte sie deine Haltung zu deiner Bestimmung verändern?
8. Lucado berichtet davon, wie der Heilige Geist ihm bei einem Gespräch mit einem Freund geholfen hat.

- Was hat Max Lucado im Verlauf dieses Gesprächs getan?
- Wie hat der Heilige Geist geantwortet?
- Hast du schon einmal erlebt, dass Gott mit seinem Heiligen Geist eingegriffen und dir Weisheit oder Erkenntnis geschenkt hat? Wenn ja, worum ging es dabei?

9. Wie würde dein Tag aussehen, wenn du immer im Hinterkopf behalten würdest, dass Gott dir seinen Heiligen Geist geschenkt hat und dass er mit seiner Kraft und Autorität in dir lebt?

Kapitel 10: Die kommende Welle

1. Lucado beschreibt den Zustand amerikanischer Christen gegen Ende des 18. Jahrhunderts. Wie sieht diese geistliche Landkarte aus im Vergleich zu der, die du heute in der westlichen Welt sehen kannst?
   - Ist der christliche Glaube dort, wo du lebst, lebendig, oder verliert er an Einfluss?
   - Was denkst du über den geistlichen Zustand an deinem Wohnort?
2. Wie würdest du „Erweckung“ definieren?
   - Hast du schon einmal eine Erweckung erlebt (in deiner Gemeinde, in deiner Gegend)? Wenn ja, wie war das für dich oder diejenigen, die dabei waren?
   - Hast du schon einmal eine ganz persönliche Erweckung erlebt – eine Wiederbelebung deines eigenen Glaubens? Wenn ja, was hat diese Erweckung bei dir ausgelöst?
3. Lies Johannes 7,37–39:
   „Am letzten Tag, dem Höhepunkt des Festes, stellte Jesus sich hin und rief der Menge zu: ‚Wenn jemand Durst hat, soll er zu mir kommen und trinken! Wer an mich glaubt, aus dessen Innerem werden Ströme lebendigen Wassers fließen, wie es in der Schrift heißt.‘ Mit dem ‚lebendigen Wasser‘ meinte er den Geist, der jedem zuteilwerden sollte, der an ihn glaubte. Aber der Geist war noch nicht gekommen, weil Jesus noch nicht verherrlicht worden war.“

   Jesus sagte diese Worte am Ende des Laubhüttenfestes, bei dem die Juden sich an die Flucht des Volkes aus der ägyptischen Sklaverei erinnern. Teil der Versorgung in dieser Zeit war auch das Wunder, das sich ereignete, als Mose mit seinem Stab gegen einen Felsen schlug, woraufhin Wasser hervorströmte. Du kannst die Geschichte in 2. Mose 17,1–7 nachlesen.

- Welche Bedeutung hat es, dass Jesus diese Worte genau an dem Festtag sprach, an dem man u. a. dieses Wunder feierte?
- Was hättest du über die Aussagen von Jesus gedacht, wenn du an jenem Tag in der Volksmenge gestanden und an das Wunder von Mose gedacht hättest?
- Wofür steht hier das „lebendige Wasser“?

4. Lucado weist auf die Bedeutung der Worte hin: *„Wenn jemand Durst hat, soll er zu mir kommen und trinken!“* (Vers 37).
   - Wen lädt Jesus hier ein zu trinken?
   - Welche Verheißung enthalten die Worte für dich?
   - Verspürst du im Moment einen geistlichen Durst nach irgendetwas? Wenn ja, wonach?
   - Wie hast du bislang versucht, diesen Durst zu stillen?
   - Zu wem sollten wir diesem Abschnitt zufolge gehen, um unseren Durst zu stillen?
   - Wie kann Jesus auf einzigartige Weise unseren geistlichen Durst stillen?
5. Als Nächstes sagte Jesus: *„Wer an mich glaubt, aus dessen Innerem werden Ströme lebendigen Wassers fließen“* (Vers 38).
   - Was hat Jesus damit gemeint?
   - Lucado sagt, wenn der Geist aus den Nachfolgern Christi strömt, „erfrischen [wir] unser Umfeld. Wir besänftigen. Wir beruhigen. Der Heilige Geist fließt aus uns heraus und erreicht auch die trockenen Stellen dieser Welt“ (S. 133). Hat der Heilige Geist schon einmal so durch dich gewirkt? Wenn ja, was kam dabei heraus?

- Hast du schon einmal erlebt, dass der Heilige Geist im Leben von anderen so gewirkt hat? Wenn ja, welche Wirkung hatte es auf dich, dass er so aus dieser Person „herausströmte"?

6. Lucado schreibt: Wenn wir den Eingebungen des Heiligen Geistes folgen und für andere zum Segen werden, kann das zu einer Erweckung führen (S. 135). Wie könnte es vielleicht in deinem Umfeld aussehen, wenn jeder Jesus-Nachfolger so leben würde? Was würde sich verändern?
   - Was hindert uns daran, stärker im Einklang mit dem Heiligen Geist zu leben und zu handeln?
   - Kannst du dir vorstellen, dass sich an deinem Wohnort eine Erweckung ereignet?
   - Wie betest du für deinen Wohnort?
   - Welche Rolle könntest du dabei spielen, wenn es darum geht, dass diese Gebete für deinen Wohnort Wirklichkeit werden?
7. Am Ende dieses Kapitels hält Lucado ein kurzes Gebet fest: „Gott, bitte lass dein lebendiges Wasser auf und durch deine Kinder fließen. Wir wollen überall, wo wir hingehen, Quellen des Lebens und der Liebe sein. Wir wollen deine Diener sein." Wie kannst du heute überall, wo du bist, eine Quelle des Lebens und der Liebe sein?

Kapitel 11: Mach den Mund auf!

1. Der Petrus, der uns zu Beginn dieses Kapitels begegnet, ist ein völlig neuer Mensch. Mutig verbreitet er an Pfingsten die Gute Nachricht. Lies Apostelgeschichte 2,14 und 38–39: *„Da trat Petrus mit den elf anderen Aposteln vor und rief der Menge zu: ‚Hört zu, ihr jüdischen Männer und ihr Einwohner Jerusalems! Ich will euch etwas sagen. ... Kehrt euch ab von euren Sünden und wendet euch Gott zu. Lasst euch alle taufen im Namen von Jesus Christus zur Vergebung eurer Sünden. Dann werdet ihr die Gabe des Heiligen Geistes empfangen. Diese Zusage Gottes gilt euch und euren Kindern und auch denen, die fern von Gott sind – allen, die vom Herrn, unserem Gott, berufen werden.'"*
   - Welche drei Dinge hat Petrus laut Vers 14 getan?
   - Wie würdest du seinen Tonfall gegenüber der Menge beschreiben?
2. Lies nach, was Petrus nach dem Passahfest und vor der Kreuzigung getan hat (Lukas 22,54–62).
   - Wie würdest du Petrus hier beschreiben?
   - Vergleiche einmal sein Verhalten in Lukas 22 mit dem in Apostelgeschichte 2.
   - Fühlst du dich in Glaubensdingen im Moment eher wie Petrus an Passah oder wie Petrus an Pfingsten? Warum?
3. Kennst du jemanden, der einen so starken Glauben hat wie Petrus an Pfingsten? Wenn ja, welche Eigenschaften hat diese Person?
   - Was sorgt dafür, dass der Glaube dieser Person so stark und mutig ist wie der von Petrus an Pfingsten?
   - Wie würdest du die Frage zum Pfingst-Petrus beantworten: „Was ist denn in Petrus gefahren?" (S. 139).

4. Lies Apostelgeschichte 2,2–6:
   „Plötzlich ertönte vom Himmel ein Brausen wie das Rauschen eines mächtigen Sturms und erfüllte das Haus, in dem sie versammelt waren. Dann erschien etwas, das aussah wie Flammen, die sich zerteilten, wie Feuerzungen, die sich auf jeden Einzelnen von ihnen niederließen. Und alle Anwesenden wurden vom Heiligen Geist erfüllt und fingen an, in anderen Sprachen zu sprechen, wie der Heilige Geist es ihnen eingab. Damals lebten in Jerusalem gottesfürchtige Juden aus vielen verschiedenen Ländern. Als sie das Brausen hörten, liefen sie herbei. Bestürzt hörte jeder von ihnen die Versammelten in seiner eigenen Sprache reden.“
   - Wie kam der Heilige Geist?
   - Wie sah er aus?
   - Wen hat der Geist erfüllt?
   - Wozu hat der Heilige Geist diejenigen befähigt, die an jenem Tag dort versammelt waren?
   - Warum ist es von Bedeutung, dass sich all das in Jerusalem ereignete?
   - Wie viele Nationalitäten waren an jenem Tag dort in der Stadt versammelt?
   - Was verrät dir diese Geschichte über die Kraft des Heiligen Geistes?
   - Was verrät sie dir über diejenigen, durch die der Heilige Geist wirken kann?
5. In Apostelgeschichte 2,12 wird berichtet, dass diejenigen, die Zeugen dieses Ereignisses wurden, sich fragten: „Was mag das bedeuten?“ Wie würdest du diese Frage beantworten?
6. Hast du schon einmal erlebt, dass dir die richtigen Worte gefehlt haben, als du von deinem Glauben erzählen wolltest?

Oder hast du schon einmal bereut, nicht von deinem Glauben erzählt zu haben?

- Wenn ja, was hat dich davon abgehalten oder warum hast du keine Worte gefunden?
- Wie helfen uns die Erkenntnisse dieser Geschichte von Pfingsten dabei, über unseren Glauben zu reden?
- Wer hat dir von seinem/ihrem Glauben erzählt?
- Mit welchen Worten hat diese Person das getan?
- Warum war der oder die Betreffende wohl dazu in der Lage?

7. Lucado berichtet von drei gewöhnlichen Menschen, die eine tiefgehende Lebenswende erlebt und dann anderen davon erzählt haben: Brenda Jones, Antenor Goncalves (und sein Vater) und Lucados Schulfreund Mike. Welche der drei Geschichten spricht dich am meisten an und warum?
   - Was hatten alle drei gemeinsam?
   - Auf welche Weise haben sie jeweils anderen von ihren Glaubenserlebnissen erzählt?
   - Welche Wirkung hatte das auf andere?
   - Was verrät dir das darüber, auf welch vielfältige Weise der Heilige Geist uns dabei helfen kann, mit unseren Nachbarn über Gott zu sprechen?
   - Wie könnte Gott andere durch dich erreichen? Erzählst du Leuten lieber persönlich von deinem Glauben (so wie Brenda), predigst du lieber (so wie Antenor), oder vermittelst du ihn lieber durch dein Handeln (so wie Mike)?
8. Was sind Eben-Eser-Momente?
   - Hattest du schon einmal solche Eben-Eser-Momente? Wenn ja, worum ging es dabei und warum waren sie so bedeutungsvoll für dich?

- Fühlst du dich dazu berufen, deine Glaubensgeschichte jemandem zu erzählen oder sie weiterzugeben, indem du schreibst oder lehrst? Wenn ja, wem möchtest du sie erzählen und wie könntest du dieser Person oder Gruppe von deinem Eben-Eser-Moment erzählen?
- Falls du noch zögerst, deine Glaubensgeschichte zu erzählen: Wie könnte dieser Eben-Eser-Moment dir dann Mut machen?

Kapitel 12: Freigesetzt

1. Was wusstest du vor dem Lesen dieses Kapitels über Geistesgaben?
   - Weißt du, ob und welche Geistesgaben du hast? Wenn ja, wann und wie hast du diese Gaben entdeckt?
   - Wenn du mit diesem Thema noch nicht so vertraut bist: Würdest du gern deine Geistesgaben entdecken? Welche Fragen hast du dazu?
2. Lucado listet fünf Bibelstellen auf, in denen die Gaben des Heiligen Geistes aufgezählt werden: 1. Korinther 12,8–10; 1. Korinther 12,28–30; Römer 12,6–8; Epheser 4,11–12 und 1. Petrus 4,10–11. Lies diese Verse, und notiere alle Gaben, die dort genannt werden.
   - Wie viele verschiedene Geistesgaben findest du hier?
   - Welche von den hier aufgezählten Gaben könntest du haben?
   - Glaubst du, dass manche dieser Gaben wichtiger sind als andere? Falls du diese Frage mit Ja beantwortest: welche und warum?
3. Füll die Lücken aus: „Gaben erfordern ________________, damit man sie ____________________ einsetzt“ (S. 158).
   - Wie könnte es aussehen, wenn man eine Geistesgabe mit mangelnder Reife oder wenig Weisheit einsetzt?
   - Hast du bzw. hat jemand aus deinem Bekanntenkreis schon einmal eine Geistesgabe ausgenutzt? Wenn ja, was war das Ergebnis?
   - Welche Gefahr birgt der Missbrauch geistlicher Gaben?
4. Was ist der Unterschied zwischen einer natürlichen Begabung und einer Geistesgabe?
   - Welche natürlichen Begabungen besitzt du?

- Welche Geistesgaben hast du?
- Setzt du deine natürlichen Gaben für Gott ein? Wenn ja, wie? Wenn nicht, kannst du dir vorstellen, wie das bei dir aussehen könnte?

5. Was ist mit den Gaben der Einsicht gemeint?
   - Hast du oder hat jemand aus deinem Umfeld eine dieser Gaben?
   - Wenn du eine Gabe der Einsicht hast: Wie hat sie dir in deinem Glaubensleben geholfen?
   - Oder wenn du jemanden mit einer solchen Gabe kennst: Hatte das segensreiche Auswirkungen auf dich? Wenn ja, wie?
6. Was ist mit den Gaben der Stärke gemeint?
   - Hast du oder hat jemand aus deinem Umfeld eine dieser Gaben?
   - Wenn du eine dieser Gaben der Stärke hast: Wie hat sie dir in deinem Glaubensleben geholfen?
   - Oder wenn du jemanden mit einer solchen Gabe kennst: Hatte das segensreiche Auswirkungen auf dich? Wenn ja, wie?
7. Was ist mit den Gaben der Verkündigung gemeint?
   - Hast du oder hat jemand aus deinem Umfeld diese Gaben?
   - Wenn du eine dieser Gaben der Verkündigung hast: Wie hat sie dir in deinem Glaubensleben geholfen?
   - Oder wenn du jemanden mit dieser Gabe kennst: Hatte das segensreiche Auswirkungen auf dich? Wenn ja, wie?
8. Lucado erzählt davon, wie er die Gabe bekam, in anderen Sprachen zu reden, obwohl es Zeiten gab, in denen er diese Gabe mit gemischten Gefühlen betrachtet hat. Gibt es Gaben des Heiligen Geistes, denen du misstrauisch

gegenüberstehst? Bei denen du glaubst, dass es sie heute nicht mehr gibt? Wenn ja, bei welchen und warum?

- Hat das, was du in diesem Kapitel erfahren hast, deine Haltung zu diesem Thema beeinflusst oder verändert? Wenn ja, wie? Wenn nicht, warum nicht?
- Vielleicht bist du schon länger mit diesem Thema vertraut und fest davon überzeugt, dass es diese Gaben (noch) gibt. Wenn ja, wie hat dieses Kapitel dich auf diesem Abschnitt deiner geistlichen Reise ermutigt?

9. Lucado zitiert in diesem Kapitel einen Theologen, der über Christen bzw. Christinnen mit einem kleinen oder einem großen Gott spricht.
   - Was ist ein Christ mit einem kleinen Gott?
   - Was ist ein Christ mit einem großen Gott?
   - Wenn du deinen Glauben im Moment betrachtest: Glaubst du an einen großen oder einen kleinen Gott? Woran liest du das ab? Warum ist das so?
10. Beantworte für dich die beiden Fragen, die Lucado am Ende des Kapitels stellt:
   - Was würde passieren, wenn jeder Glaubende seine Geistesgaben entdecken und einsetzen würde?
   - Was würde passieren, wenn jeder von uns der Wegweisung des Heiligen Geistes folgen würde?

Kapitel 13: Lebensatem für trockene Knochen

1. In diesem Kapitel spricht Lucado über Hesekiels Vision von den vertrockneten Knochen (Hesekiel 37). Lies den folgenden Abschnitt:

   „Die Hand des Herrn kam über mich, und der Geist des Herrn führte mich hinaus und trug mich in ein Tal, das mit Totengebeinen angefüllt war. Er führte mich an ihnen vorbei. Sehr viele Knochen bedeckten dort den Boden des Tals, und sie waren völlig vertrocknet“ (Hesekiel 37,1–2).

   - Hesekiel sah die vertrockneten Knochen und spürte, wie seine Hoffnung schwand. Gibt es in deinem Leben „vertrocknete Knochen“, die dir ein Gefühl der Hoffnungslosigkeit vermitteln? Welche „Knochen“ sind das?
   - Überraschenderweise forderte Gott Hesekiel auf, seinen Heiligen Geist in diese Situation einzuladen. Wo tut er vielleicht gerade das Gleiche bei dir?

2. Lies Hesekiel 37,4–6:

   „Da sagte er zu mir: ‚Weissage über diese Gebeine und sag zu ihnen: ‚Ihr gebleichten Knochen, hört das Wort des Herrn! So spricht Gott, der Herr, zu diesen Knochen: Seht! Ich werde euch Atem einhauchen und euch wieder lebendig machen! Ich gebe euch Sehnen, lasse Fleisch an euch wachsen und überziehe euch mit Haut. Ich hauche euch Atem ein und mache euch wieder lebendig. Dann werdet ihr erkennen, dass ich der Herr bin.‘“

   Lies die Verse 7 und 8:

   „Ich weissagte, wie er es mir befohlen hatte. Und noch während ich redete, hörte ich plötzlich ein lautes Geräusch und die Knochen rückten zusammen und verbanden sich miteinander.

Und dann bildeten sich vor meinen Augen Sehnen und Fleisch auf den Knochen. Schließlich wurden sie von Haut überzogen, aber sie hatten noch keinen Atem in sich.“

- Was passierte mit den vertrockneten Knochen, als Hesekiel mit der Autorität eines Propheten sprach?
- Was geschah nicht mit den Knochen?

3. Lies Hesekiel 37,9–10:

   „Da sagte er zu mir: ‚Weissage über den Atem, weissage, Menschenkind, und sag zu dem Atem: ‚»So spricht Gott, der Herr: Komm, o Atem, aus den vier Winden! Hauche diese Erschlagenen an, damit sie wieder lebendig werden.«‘ Ich weissagte, wie er es mir befohlen hatte, und der Atem fuhr in sie hinein und sie wurden lebendig. Sie standen auf, und es war eine riesige Menschenmenge.“

   - Was ist mit den Körpern passiert, als Hesekiel dem „Atem“ befahl?
   - Wofür steht der „Atem“ hier?
   - Woher kam der „Atem“?
   - Welche Rolle spielt der „Atem“ in unserem Körper?
   - Was verrät dir das über das Leben spendende Wesen des Heiligen Geistes?

4. Welche Rolle spielte Hesekiel, als es darum ging, die vertrockneten Knochen wieder zum Leben zu erwecken? Was verrät das darüber, welche Rolle wir dabei spielen, wenn es darum geht, unsere trockenen Knochen wieder zum Leben zu erwecken?

5. Lies Johannes 20,19–23:

   „Am Abend dieses ersten Tages der Woche trafen die Jünger sich hinter verschlossenen Türen, weil sie Angst vor den Juden hatten. Plötzlich stand Jesus mitten unter ihnen! ‚Friede sei mit euch‘, sagte er. Und nach diesen Worten zeigte er ihnen

seine Hände und seine Seite. Freude erfüllte die Jünger, als sie ihren Herrn sahen. Wieder sprach er zu ihnen und sagte: ‚Friede sei mit euch. Wie der Vater mich gesandt hat, so sende ich euch.‘ Dann hauchte er sie an und sprach: ‚Empfangt den Heiligen Geist. Wem ihr die Sünden vergebt, dem sind sie vergeben. Wem ihr sie nicht vergebt, dem sind sie nicht vergeben.‘“

- Wie hat Jesus den Jüngern den Heiligen Geist gegeben?
- Was ist so besonders an der Art und Weise, wie Jesus seinen Jüngern den Heiligen Geist gegeben hat?
- Was verrät dir das darüber, wie und wann Gott dir seinen Heiligen Geist schenkt?
- Hast du zugelassen, dass Gott dir seinen Heiligen Geist schenkt? Warum oder warum nicht?
- Falls ja: Inwiefern hast du den Heiligen Geist als Geschenk erlebt?
- Falls nicht: Was hindert dich daran, den Heiligen Geist zu empfangen?

6. Denk einmal über die vertrockneten Stellen in deinem Leben nach, die du bei Frage Nr. 1 genannt hast. Wie würden diese „trockenen Knochen“ aussehen, wenn sie zum Leben erweckt würden?
   - Hast du den Heiligen Geist schon einmal darum gebeten, diesem trockenen Bereich deines Lebens Leben einzuhauchen? Warum oder warum nicht?
   - Stell dir vor, wie deine vertrockneten „Knochen“ zum Leben erweckt und wieder lebendig werden. Inwiefern würde sich dein Leben ändern, wenn du dich in dieser Sache mit dem Heiligen Geist eins machen würdest?
7. Vielleicht fühlst du dich im Augenblick ja wirklich „vertrocknet“ – oder um es mit den Worten von Lucado zu sagen: „Bist du müde? Atme den Heiligen Geist ein. Wird

dir der Stress zu viel? Atme ihn ein. Schnürt die Angst dir die Luft ab? Atme das Leben Gottes einmal ganz tief ein" (S. 184). Hole jetzt einmal tief Luft. Und bitte währenddessen den Heiligen Geist, jedem vertrockneten „Knochen" in deinem Körper Leben einzuhauchen. Vertraue darauf, dass der Heilige Geist dir neues Leben schenken kann.

Danksagung

Ich wünschte, du könntest dieses phänomenale Team kennenlernen, das hinter diesem Buch steht. Sie sind unermüdlich, kreativ und engagiert. Dank ihnen sind die Kapitel „rund", wurde das Cover entworfen, werden die Bücher verschickt und Leben verändert. Wenn es im Verlagswesen eine Ruhmeshalle gäbe, würdest du Bilder all dieser Leute darin sehen können.

Liz Heaney und Karen Hill – außergewöhnliche Lektorinnen. Es ist wirklich nicht leicht, diesen dickköpfigen Esel von einem Autor anzutreiben. Doch sie klären Fragen, entwirren meine Gedankengänge und korrigieren mich, und das schon seit dreißig Jahren!

Carol Bartley, wie viele Grammatikfehler, falsche Zitate und ungeschickte Formulierungen hast du schon verbessert? Du bist für das Manuskript das, was der Zahnarzt für Karies ist. Herzlichen Dank für die Füllungen.

David Drury, dein Fachwissen und dein Scharfsinn haben mir schwerwiegende Fehler erspart. Danke, dass du dieses Buch gegengelesen hast.

Steve und Cheryl Green, meine lebenslangen Freunde und engagierte Jesus-Nachfolger.

Das heldenhafte Team von HCCP: Mark Schoenwald, Don Jacobson, Tim Paulson, Mark Glesne, Erica Smith, Janene MacIvor und Laura Minchew.

Greg und Susan Lignon: Wenn ihr euch jemals als Präsidentschaftskandidaten aufstellen lasst, werde ich euch wählen.

Keiner versteht es so gut wie ihr, dafür zu sorgen, dass alles in der Spur bleibt.

Andrea Lucado: Deine großartige Arbeit an den „Fragen zum Nachdenken“ macht mich wirklich stolz.

Dave Treat: Du hast dieses Projekt wieder einmal im Gebet begleitet. Mögen deine größten Gebete erhört werden.

Caroline Green: Herzlich willkommen im Team! Es ist ein Segen, dich dabeizuhaben.

Mana Muntsinger und Pamela McClure: Ihr seid auf dem steinigen Pfad der Öffentlichkeitsarbeit unterwegs. Dank euch werden Türen geöffnet und die Gute Botschaft wird verbreitet.

Joy Pruett: Ich danke dir dafür, dass du den ersten Entwurf sorgfältig gelesen und mir wertvolles Feedback gegeben hast.

Janie Padilla und Margaret Mechinus: Ihr seid jederzeit beständig, ruhig und zuverlässig. Danke.

Brett, Jenna, Rosie, Max, Andrea, Jeff und Sara: Ich bin sicher, kein Vater ist so stolz auf seine Familie wie ich.

Denalyn, meine Braut, das Abfassen dieses Buches fiel in unser vierzigstes Ehejahr. Vierzig Jahre! Es kommt mir eher wie vierzig Minuten vor. Ich liebe dich, und du sollst wissen, dass ich mein Leben jederzeit wieder mit dir teilen würde.

Und euch, meinen Leserinnen und Lesern, wünsche ich Gottes Segen! Ich fühle mich so geehrt, dass ihr mir eure wertvolle Zeit schenkt. Ich nehme dieses Vorrecht nicht auf die leichte Schulter. Mir ist sehr bewusst, dass ich nur ein begrenztes Verständnis von dem allen habe. Über den Heiligen Geist nachzudenken ist, als würde man über ein endloses Meer an Schönheit nachdenken. Niemand kann seine Tiefen wirklich erfassen. Die Worte von Bernard Ramm sind hier nur allzu zutreffend:

> *Der Heilige Geist hat etwas Verborgenes, das man nicht aufdecken kann. Der Heilige Geist hat etwas Allgegenwärtiges, das man nicht in den Fokus rücken kann. Der Heilige Geist hat etwas Unsichtbares, das man nicht sichtbar machen kann. Der Heilige Geist hat etwas Verschlossenes, das man nicht ans Licht bringen kann. Deshalb fühlt man sich hilflos, unangemessen und unwürdig, auch nur eine Zeile über den Heiligen Geist zu schreiben.*[1]

Der Heilige Geist entzieht sich dem Verständnis, aber er freut sich über diejenigen, die es doch versuchen. Und das hier ist mein Versuch. Möge es dich ermutigen.

Anmerkungen

Kapitel 1: Der Heilige Wer?

1 Ist der Heilige Geist männlich oder weiblich? Weder noch. Der Heilige Geist hat keine menschliche Gestalt angenommen. Keine Gender-Bezeichnung trifft auf die dritte Person der Dreieinigkeit zu. Das Wort Geist ist im Hebräischen sowohl männlich als auch weiblich, im Griechischen ist es ein Neutrum und wird erst im Lateinischen maskulin. Viele Autoren halten es für hilfreich, Gender-Bezeichnungen ganz zu vermeiden, und schreiben nur vom „Geist". Wegen der besseren Lesbarkeit und um dem Beispiel von Jesus in Johannes 14–16 zu folgen, bezeichne ich den Heiligen Geist gelegentlich als „er". (Anfänglich habe ich versucht, zwischen „er" und „sie" abzuwechseln, fand das dann aber irritierend.) Doch nur um das ganz klarzustellen: Der Heilige Geist entzieht sich unseren Gender-Begrenzungen. Ich hoffe, dass meine Leser das im Hinterkopf behalten und dass der Heilige Geist uns das, wenn nötig, in Erinnerung ruft.

2 Steht uns bei (Apostelgeschichte 9,31); führt uns (Apostelgeschichte 13,2.4; 15,28; 21,11); wohnt in uns, verändert uns, stärkt uns, schenkt uns Frieden und Freiheit und wird uns eines Tages in unser himmlisches Zuhause bringen (Römer 14,17; 15,13; 1. Korinther 12,3; 2. Korinther 3,17–18; Judas 20–21).

Kapitel 2: Komm an meine Seite

1 Das fünfte Mal finden wir hier: 1. Johannes 2,1.

2 Lifeway Research: 2018 State of American Theology Study, Research Report. http://lifewayresearch.com/wp-content/uploads/2018/10/Ligonier-State-of-Theology-2018-White-Paper.pdf, S. 3.

3 J. I. Packer: Keep in Step with the Spirit: Finding Fullness in Our Walk with God. Überarbeitete Ausgabe. Baker Books, Grand Rapids 2005, S. 57; Hervorhebungen im Original.

4 Frederick Dale Bruner: The Gospel of John: A Commentary. Eerdmans, Grand Rapids 2012, S. 867.
5 Packer: Keep in Step, a. a. O., S. 212–213.

Kapitel 3: Hisse das Segel

1 „Katie Spotz", Wikipedia, https://en.wikipedia.org/wiki/Katie_Spotz; Christopher Maag: „Woman Is the Youngest to Cross an Ocean Alone", New York Times, 14. März 2010, https://www.nytimes.com/2010/03/15/ sports/15row.html
2 „Laura Dekker", Wikipedia, https://de.wikipedia.org/wiki/Laura_Dekker
3 Diese Geschichte hat mir mein Freund Bill Frey erzählt.
4 „Das Werk der Errettung hat niemals mit menschlichen Anstrengungen begonnen. Gott der Heilige Geist muss es beginnen. Die Gründe dafür, dass kein Mensch je dieses Werk der Gnade in seinem Herzen begonnen hat, sind offensichtlich: Erstens, weil er es nicht kann. Zweitens, weil er es nicht tun wird. Der beste Grund ist der, dass er es nicht kann, denn er ist tot. Tote können zwar zum Leben erweckt werden, aber sie können sich nicht selbst zum Leben erwecken, denn Tote können gar nichts tun." Charles Spurgeon: Spurgeon on the Holy Spirit. Whitaker, New Kensington 2000, S. 16.
5 Abraham Kuyper: The Work of the Holy Spirit, übersetzt von Henri de Vries, Funk & Wagnalls, London 1900, S. 6.

Kapitel 4: Seufzer aus tiefstem Herzen

1 Jürgen Moltmann: The Spirit of Life: A Universal Affirmation. Fortress, Minneapolis 1992, S. 51, zitiert in Leonard Allen: Poured Out: The Spirit of God Empowering the Mission of God. Abilene Christian University, Abilene 2018, S. 164.
2 „The Full Story of Thailand's Extraordinary Cave Rescue", BBC News, 14. Juli 2018. https://www.bbc.com/news/world-asia-44791998. „Rettungsaktion in der Tham-Luang-Höhle", Wikipedia. https://de.wikipedia.org/wiki/Rettungsaktion_in_der_Tham-Luang-H%C3%B6hle.

Kapitel 5: Die Rettung ist gewiss

1 „Ein Eigentümer versieht seinen Besitz mit seinem Siegel, um es als sein Eigen zu kennzeichnen; wenn er es dann zu einem späteren

Zeitpunkt in Anspruch nehmen will und sein Anrecht darauf wird infrage gestellt, so ist sein Siegel der ausreichende Beweis für seinen Besitzanspruch und macht jedem Disput ein Ende. Daher ist die Tatsache, dass die Glaubenden mit dem Heiligen Geist ausgestattet sind, der Beweis dafür, dass sie auf besondere Weise Gott gehören. ... Andere Siegel, seien sie real oder im übertragenen Sinn gemeint (wie zum Beispiel die Beschneidung, das Siegel des Bundes mit Abraham), wurden äußerlich angebracht; das Siegel des neuen Bundes ist dem Herzen des Glaubenden aufgedrückt." Aus F. F. Bruce: The Epistle to the Ephesians: A Verse-by-Verse Exposition. Revell, London 1961, S. 36.

2 George V. Wigram und Ralph D. Winter: The Word Study Concordance. Tyndale, Wheaton 1978, S. 715, Anm. 4973.

3 Robert H. Stein: „Fatherhood of God". In: Baker's Evangelical Dictionary of Biblical Theology, https://www.biblestudytools.com/dictionaries/bakers-evangelical-dictionary/fatherhood-of-god.html

4 „The Spirit Confirms Our Adoption", Grace to You, 29. Mai 1983, https://www.gty.org/library/sermons-library/45-59/the-spirit-confirms-our%20-adoption?term=adoption

5 „COVID-19 Patient Writes Inspiring Message on Glass to Caregivers", Cleveland Clinic, 28. März 2020, YouTube, https://youtu.be/pIzNAgiBETM

Kapitel 6: Ruhe im Chaos

1 „Svalbard Global Seed Vault", https://de.wikipedia.org/wiki/Svalbard_Global_Seed_Vault

2 Dorothy Willette: „The Enduring Symbolism of Doves: From Ancient Icon to Biblical Mainstay", Biblical Archaeology Society, 5. August 2021, https://www.biblicalarchaeology.org/daily/ancient-cultures/daily-life-and-practice/the-enduring-symbolism-of-doves/

3 „Application of Science: Only Mammals Make Milk, Right?". In: Irish Examiner, 12. April 2021, https://www.irishexaminer.com/lifestyle/healthandwellbeing/arid-40262018.html

4 „Americans Say They Are More Anxious; Baby Boomers Report Greatest Increase in Anxiety". American Psychiatric Association, 6. Mai 2018, https://www.psychiatry.org/newsroom/news-releases/americans-say-they-are-more-anxious-than-a-year-ago-baby-

boomers-report-greatest-increase-in-anxiety#:~:text=New%20. „Der diesjährige Sorgen-Index – abgeleitet aus den Durchschnittswerten auf einer Skala von 0 bis 100 – liegt bei 51 und damit 5 Punkte höher als 2017. Dieser Anstieg des Sorgen-Indexes ist in allen Altersgruppen, ethnischen Gruppierungen und bei Männern und Frauen gleichermaßen festzustellen. Nach Generationen bewertet, zeigen sich die Millennials weiterhin besorgter als die Generation X oder die Babyboomer, aber bei den Babyboomern ist die Besorgtheit am stärksten angestiegen, nämlich um 7 Punkte zwischen 2017 und 2018."

5 Das tut beispielsweise die englische Amplified Bible.

Kapitel 7: Wie man Gott reden hört

1 Associated Press: „450 Turkish Sheep Leap to Their Deaths". FoxNews, 8. Juli 2005, https://www.foxnews.com/story/450-turkish-sheep-leap-to-their-deaths

Kapitel 8: Das Feuer in dir

1 Sebastian Junger: Fire. Norton, New York 2002, S. 43.

2 „The Good and Bad of Forest Fires". In: My Land Plan, American Forest Foundation, https://mylandplan.org/content/good-and-bad-forest-fires

3 J. D. Greear: Jesus, Continued ...: Why the Spirit Inside You Is Better Than Jesus Beside You. Zondervan, Grand Rapids 2014, S. 26. Die Zahlen variieren leicht, je nach Bibelübersetzung.

4 Anne Graham Lotz: Jesus in Me: Experiencing the Holy Spirit As a Constant Companion. Multnomah, Colorado Springs, 2019, S. 132–33.

Kapitel 9: Duftende Ölspuren

1 William R. Moody: The Life of Dwight L. Moody. Revell, New York, 1900, S. 149.

Kapitel 10: Die kommende Welle

1 Mark Galli: „Revival at Cane Ridge", Christian History Institute, https://christianhistoryinstitute.org/magazine/article/revival-at-cane-ridge

2 Paul Conkin, zitiert in Galli: „Revival at Cane Ridge".

3 „Mark Galli: Why Aren't Evangelicals Obeying Jesus in Communion & Baptism?" Black Christian News Network, 10. Juli 2019, https://blackchristiannews.com/2019/07/mark-galli-why-arent-evangelicals-obeying-jesus-in-communion-baptism

4 „Second Great Awakening". In: Ohio History Central, https://ohiohistorycentral.org/w/Second_Great_Awakening

5 „In U. S., Decline of Christianity Continues at Rapid Pace". Pew Research Center, 17. Oktober 2019, https://www.pewforum.org/2019/10/17/in-u-s-decline-of-christianity-continues-at-rapid-pace/. In Deutschland sind die Zahlen noch gravierender: Zwischen 1956 und 2019 hat sich der Anteil der evangelischen Bevölkerung in Deutschland von 50,1 auf 24,9 Prozent reduziert. Der Anteil der katholischen Bevölkerung fiel von 45,9 auf 27,2 Prozent. https://www.bpb.de/kurz-knapp/zahlen-und-fakten/soziale-situation-in-deutschland/61565/katholische-und-evangelische-kirche

6 Adam Hadhazy: „Twenty Startling Facts about American Society and Culture". In: Live Science, 6. Juli 2015, https://www.livescience.com/51448-startling-facts-about-american-culture.html

7 Brian Resnick: „22 Percent of Millennials Say They Have ‚No Friends'", VOX, 1. August 2019, https://www.vox.com/science-and-health/2019/8/1/20750047/millennials-poll-loneliness

8 Maggie Fox: „Major Depression on the Rise Among Everyone, New Data Shows". NBC News, 11. Mai 2018, https://www.nbcnews.com/health/health-news/major-depression-rise-among-everyone-new-data-shows-n873146. Ähnliches gilt für Deutschland: Bis 2019 litten etwa 10,4 Prozent der Jugendlichen und jungen Erwachsenen unter klinisch relevanten depressiven Symptomen, im Frühjahr 2020 stieg dieser Anteil auf 25,3 Prozent an. Auch ist das Risiko einer Depression bei weiblichen Jugendlichen und jungen Frauen höher als bei Jungen bzw. jungen Männern. https://www.ncbi.nlm.nih.gov/pmc/articles/PMC8564269

9 Jamie Ducharme: „U.S. Suicide Rates Are the Highest They've Been Since World War II". In: Time, 20. Juni 2019, https://time.com/5609124/us-suicide-rate-increase. Hier sprechen die deutschen Zahlen eine ganz andere Sprache: Die aktuellen Fallzahlen liegen in Deutschland bei rund 9215 Todesfällen im Jahr 2021. Der Langzeittrend zeigt hier eine deutliche Abwärtsbewegung: Die Summe der Suizide hat sich seit Beginn der Achtzigerjahre halbiert! https://de.statista.com/themen/40/selbstmord/#topicOverview

10 James Montgomery Boice: The Gospel of John: An Expositional Commentary, Five Volumes in One. Zondervan, Grand Rapids 1985, S. 499.
11 Johannes 7,37; NL, Hervorhebung des Autors
12 C. S. Lewis: Der silberne Sessel. Brendow Verlag, Moers, 2000, S. 19–21.
13 Conrad Hackett und David McClendon: „Christians Remain World's Largest Religious Group, but They Are Declining in Europe". Pew Research, 5. April 2017, https://www.pewresearch.org/short-reads/2017/04/05/christians-remain-worlds-largest-religious-group-but-they-are-declining-in-europe/
14 Stephen F. Olford: Heart Cry for Revival. Olford Ministries, Memphis, 2005, S. 18.
15 James Burns: Revivals: Their Laws and Leaders. Hodder and Stoughton, London, 1909, S. 19.
16 Jonathan Edwards, zitiert in J. D. Greear: Jesus, Continued. Zondervan, Grand Rapids, 2014, S. 195.
17 Roy Jenkins: „The Welsh Revival". BBC, 16. Juni 2009, https://www.bbc.co.uk/religion/religions/christianity/history/welsh revival_1.shtml
18 „1904 Revival". Moriah Chapel, www.moriahchapel.org.uk/index.php?page=1904-revival

Kapitel 11: Mach den Mund auf!

1 Hier ist nicht der Judas gemeint, der Jesus verraten hat.
2 The Book of Acts in Its First Century Setting. Hrsg. von Richard Bauckham. Bd. 4: The Book of Acts in Its Palestinian Setting. Eerdmans, Grand Rapids, 1995, S. 260.
3 „Denn Gott hat die Welt so sehr geliebt, dass er seinen einzigen Sohn hingab, damit jeder, der an ihn glaubt, nicht verloren geht, sondern das ewige Leben hat" (Johannes 3,16).
4 Robert P. Menzies: Empowered for Witness: The Spirit in Luke–Acts. T&T International, London, 2004, S. 258.
5 Matthäus 28,18–20
6 Diese Geschichte wurde mit freundlicher Genehmigung von Samuel Justins Sohn, Pastor Linus Samuel Justin, wiedergegeben.

Kapitel 12: Freigesetzt

1 Mit Dank an Robert Morris, der diese Art der Darstellung der Geistesgaben vorschlägt: The God I Never Knew: How Real Friendship with the Holy Spirit Can Change Your Life. WaterBrook, Colorado Springs, 2011, S. 124–144.

2 Donald Barnhouse: Romans. Zitiert in Charles R. Swindoll: The Tale of the Tardy Oxcart and 1.501 Other Stories. Word Publishing, Nashville, 1998, S. 233.

Kapitel 13: Lebensatem für trockene Knochen

1 Das Buch. Neues Testament, Psalmen, Sprichwörter – übersetzt von Roland Werner, © 2022 SCM R.Brockhaus in der SCM Verlagsgruppe GmbH, Holzgerlingen.

Danksagung

1 Bernard L. Ramm: Rapping about the Spirit. Word, Waco 1974, S. 7. Über die Schwierigkeit, den Heiligen Geist zu studieren, siehe auch Millard J. Erickson, Hrsg.: Christian Theology. 1-bändige, ungekürzte Ausgabe, Baker Books, Grand Rapids 1983, S. 846–848.

MIX
Papier | Fördert gute Waldnutzung
FSC® C014496

2. Auflage 2025
Bestell-Nr. 821035
ISBN 978-3-98695-035-4

Umschlaggestaltung: Hanni Plato
Umschlagfoto Verlagsausgabe: Getty Images, FLYFILM.TV
Umschlagfoto Clubausgabe: Denis Belitsky / Shutterstock
Satz: Uhl + Massopust, Aalen
Druck und Verarbeitung: GGP Media GmbH, Pößneck
Printed in Germany

www.gerth.de